Pasos firmes

De niñez migrante a la Universidad de Columbia

Francisco Jiménez

Autor de *Más allá de mí*, *Senderos fronterizos* y *Cajas de cartón*

CLARION BOOKS
An Imprint of HarperCollins*Publishers*

Clarion Books is an imprint of HarperCollins Publishers.

Pasos firmes
Copyright © 2022 by Francisco Jiménez
All rights reserved. Printed in the United States of America. No part
of this book may be used or reproduced in any manner whatsoever without
written permission except in the case of brief quotations embodied in
critical articles and reviews. For information address HarperCollins
Children's Books, a division of HarperCollins Publishers,
195 Broadway, New York, NY 10007.
www.epicreads.com

Library of Congress Cataloging-in-Publication Data
Jiménez, Francisco, 1943-, autor
Pasos firmes / by Francisco Jiménez
p. cm
Sequel to: Cajas de cartón, Senderos fronterizos and Más allá de mí
1. California—Social life and customs—Fiction, 2. Migrant agricultural
laborers—Fiction, 3. Mexican American Families—Fiction.
4. Mexican Americans—Fiction. I Title.
PS3560.55T35 2014
813'.54—de23
2014008746
ISBN: 978-0-35-862126-3 hardcover
ISBN: 978-0-35-862127-0 paperback

22 23 24 25 26 PC/LSCC 10 9 8 7 6 5 4 3 2 1

Originally published in English, 2015

Para mi esposa, Laura, y para nuestra familia

Francisco, Roberto, y Trampita en Tent City, Santa María, California.

Reconocimientos

Quisiera expresar mi profundo agradecimiento a la distinguida profesora Ariel Schindewolf y a sus dos talentosos estudiantes, Mike Gómez y Héctor Martínez, quienes, en colaboración conmigo, tradujeron este libro. Fue un honor y privilegio haber trabajado con ellos.

Estoy en deuda con mi hermano Roberto; mi cuñada Darlene; y mi esposa Laura por brindarme sus propios recuerdos del periodo sobre el cual escribo en este libro y por darme valiosos consejos editoriales. Un agradecimiento especial para otros miembros de mi familia inmediata: Francisco "Pancho", Lori, Miguel, Susie, Tomás, Nova, Carlo, Darío, Camille, Orlando y Marcel, por su paciencia y apoyo durante la preparación de este libro.

Gracias a los numerosos maestros y estudiantes que han disfrutado de leer mis obras y que me han escrito para pedirme que siguiera escribiendo más relatos sobre mi familia.

Les agradezco a mis amigos y colegas por animarme a escribir: Atom Yee, Alma García, Juan Velasco, Jill Pellettieri, Victor Vari, Elsa Li y Lori Wood. Les doy gracias al personal de los archivos de la Universidad de Columbia por darme acceso a los materiales históricos; al Creative Work Fund por darme la oportunidad de colaborar con el National Steinbeck Center; y a la Universidad de Santa Clara por darme el tiempo para escribir y por valorar mi trabajo.

Un agradecimiento especial a mi maravillosa editora, Ann Rider, quien me impulsó a escribir este libro y me dio valiosas sugerencias para mejorarlo.

Índice

Dentro del campus   1

Afuera del campus   16

La separación   24

Primeros encuentros   28

Una revolución   39

Días de soledad   45

Altibajos   50

Harlem al lado   59

Decisiones   69

Una sorpresa   85

Concentración   92

Rebelión interna   98

Tan lejos, pero tan cerca   108

Hoy he nacido   113

Nuestro propio hogar   124

La vida en Grymes Hill   136

Un paso más adelante   145

Un novato   149

A mi alcance   158

Una nueva vida   166

Traspasar los límites   172

En mano   181

Una maravilla   190

Pasos firmes   195

Nota del autor   203

EL PASO DE NUESTRAS VIDAS NO SÓLO SE TRATA DE
LOS DESTINOS A QUE HEMOS ALCANZADO. NUESTRA
SABIDURÍA, EDUCACIÓN Y CRECIMIENTO PERSONAL VIENEN
DE LAS PERSONAS QUE CONOCEMOS, LOS CAMINOS
QUE ESCOGEMOS SEGUIR Y LAS LECCIONES QUE HEMOS
APRENDIDO EN EL CAMINO.

—DOLORES HUERTA

Dentro del campus

Por la tarde del 12 de septiembre, me subí a un 747 de TWA en San Francisco. Iba rumbo a la escuela de posgrado de la Universidad de Columbia en la Ciudad de Nueva York. Aunque me sentía agradecido por la beca de investigación que me permitía seguir mi educación en Columbia, no sabía qué esperar. Y el dejar a mi familia y a Laura, mi novia, fue muy doloroso. No los volvería a ver por muchísimo tiempo.

Mientras esperaba que despegara el avión, pensé en lo diferente que era este viaje al que había tomado hace diecinueve años con mi familia cuando dejamos nuestro hogar en El Rancho Blanco, un pueblito rural en México. Yo tenía cuatro años en ese entonces. Tomamos un tren lento de segunda clase con asientos de madera de Guadalajara a Mexicali y cruzamos la frontera entre los Estados Unidos y México a pie ilegalmente. Aunque no sabíamos en dónde íbamos a acabar y con un temor de ser agarrados por la migra, la Patrulla Fronteriza, mi familia seguía con la esperanza de salir de nuestra pobreza y empezar una vida mejor.

El avión a Nueva York por fin aterrizó en el aeropuerto

JFK después de un vuelo de seis horas. Era la una de la madrugada. Se prendieron las luces amarillas opacas en la cabina del avión lleno de gente, despertando a los pasajeros cansados, que se apresuraron a recoger sus pertenencias. Le eché un vistazo a la ventana estrecha y óvala. Las luces rojas y parpadeantes en las puntas de las alas perforaban la oscuridad. Me desabroché el cinturón de seguridad y saqué del compartimiento de arriba mi pequeña maleta café y mi máquina de escribir portátil en su estuche azul que mi hermano mayor, Roberto, y su esposa, Darlene, me habían regalado para mi graduación de la universidad. Durante toda mi estancia en la universidad tomaba prestado las máquinas de escribir de mis compañeros porque no me alcanzaba el dinero para comprar mi propia máquina.

Me bajé del avión, seguí las señales hacia el centro de transportación, salí de la terminal y esperé un taxi en el bordillo de la banqueta. El aire estancado era cálido, húmedo y apestoso; olía a gasolina y hule quemado. Un taxi amarillo y viejo se orilló.

—¿Para dónde? —gritó el conductor por la ventana de enfrente.

Antes de que tuviera tiempo de responderle, gritó otra vez:

—Vamos, hombre, ¿para dónde?

—A la Universidad de Columbia —dije.

—Súbete —gritó.

De inmediato abrí la puerta de atrás, aventé mi equipaje en el asiento, cerré la puerta y abrí la puerta de enfrente.

—¿No vas a sentarte atrás? —preguntó.

—Prefiero sentarme enfrente —dije.

Puso los ojos en blanco y de mala gana movió un montón de papeles y un portapapeles del asiento de pasajeros y los aventó sobre el tablero.

—Gracias —le dije, pasándome al asiento y cerrando la puerta.

Inclinándose un poco al frente y aferrándose al volante con ambas manos, salió como una flecha del aeropuerto a la autopista. Me agarré de la orilla del asiento y presioné los dos pies contra el suelo del carro mientras el taxista zigzagueaba entre carros y camionetas y pasaba por debajo de las autopistas enlazadas que se cruzaban como trenzas de cemento. Pasamos zumbando por edificios industriales de ladrillo cubiertos de humo con ventanas estrechas tenuemente alumbradas. En el horizonte apareció un grupo de rascacielos grisáceos que radiaban luces deslumbrantes. Para evitar el tráfico que se seguía cada vez más congestionado, el taxista se desvió de la autopista a calles de un solo sentido que se dirigían a caminos llenos de baches y finalmente a una avenida larga y ancha. De los dos lados había un sinnúmero de edificios masivos y sombríos y tiendas deterioradas, entradas y escaparates protegidos por persianas de acero que las hacían parecer como cárceles.

—¿Ya casi llegamos? —pregunté, rompiendo el largo silencio.

Disminuyó la velocidad, bajó un poquito su ventana, y escupió, asintió con la cabeza, y dijo:

—Estamos en Broadway y la Calle 110; seis cuadras más.

En la Calle 116, se orilló y paró enfrente de unas altas y anchas puertas de hierro negro.

—Aquí está la entrada principal de Columbia —dijo.

—¿Dónde queda Hartley Hall? —le pregunté.

La residencia Hartley Hall era el edificio donde debía recoger la llave para mi cuarto en la residencia John Jay Hall.

—Está al otro lado de esta calle —dijo—. No puedo entrar. La 116 está cerrada al tráfico.

Nos bajamos del carro. Él abrió la puerta de atrás y se estiró para sacar mi equipaje.

—Yo me encargo, gracias —dije.

Se hizo a un lado, me miró confundido y me dijo que la tarifa era veinte dólares. El precio alto me asombró. Me mordí el labio, bajé mis pertenencias, le pasé dos billetes de diez dólares y le di las gracias.

—Buena suerte —dijo, al doblar los billetes y ponerlos en el bolsillo de su camisa. Se subió de nuevo al carro y partió a toda velocidad.

Me quedé solo, mirando las puertas. Luego levanté el estuche de mi máquina de escribir y mi maleta, y empecé a caminar por las puertas, a lo largo de un camino ancho de ladrillos rojos. De repente apareció un patio inmenso enmarcado en ambos lados por edificios enormes con columnas griegas. Me detuve allí por un momento, maravillado por sus tamaños gigantescos, sintiendo como si estuviera entrando en otro mundo.

Casi al final del largo sendero había un patio interior con unos edificios adicionales en forma de L. Bajé unos cuantos escalones que llevaban a un patio similar, donde había una estatua de Alexander Hamilton enfrente de Hamilton Hall. Al lado de Hamilton Hall estaba Hartley Hall. Cuando entré, la sala con aire acondicionado se sentía fría como una iglesia. El asistente estaba dormido, la cabeza calva apoyada contra la parte trasera de una silla detrás de una mesa. Fingí toser, con la esperanza de despertarlo. Funcionó. Se enderezó, sobresaltado.

—¿Qué pasa? —me dijo adormilado.

Me presenté y le expliqué que me estaba registrando. Le entregué una carta que había recibido de la oficina de alojamiento. Bostezó, miró el reloj, se rascó la cabeza, hojeó un montón de sobres apilados cuidadosamente en orden alfabético por nombre, sacó el mío y me lo dio. Adentro estaban mi llave, una lista de reglas de la residencia y un horario para la semana. Me hizo firmar un recibo y me indicó la ubicación de mi residencia, directamente al otro lado de Hamilton Hall. Le di las gracias y me fui exhausto hacia mi nuevo hogar.

John Jay Hall era una residencia antigua de quince pisos para los estudiantes de posgrado. Por dentro, había un descolorido ascensor verde metido en un espacio pequeño al lado de la sala de espera. En la puerta había un mensaje rayado en la pintura que decía: "Un tipo cayó muerto de vejez al esperar este ascensor". Lo tomé al octavo piso y salí a un corredor largo, estrecho y tenuemente alumbrado que estaba pintado de azul clarito. A medio camino estaba mi cuarto. Abrí la puerta y prendí la luz. El cuarto parecía la celda de una cárcel. El espacio rectangular medía aproximadamente seis por doce pies y estaba escasamente amueblado: un ropero alto a la derecha y, a la izquierda, un lavabo blanco manchado con un gabinete de medicina y un espejo deslustrado sobre él; una cama gemela, un escritorio marrón oscuro desgastado y una silla correspondiente, y una pequeña lámpara de escritorio. Bajo la ventana, anclado sobre el suelo de vinilo color gris oscuro, había un viejo radiador de hierro que parecía un acordeón. Jalé las cortinas azules descoloridas y abrí la ventana con vista a la Calle 114. Una ola de hedor y aire caliente entró, acompañada por el zumbido de tráfico, cláxones y sirenas. Enmarcaba la vista un apartamento mugriento de ladrillos rojos al cruzar la calle. Asomé la cabeza por la ventana y miré hacia arriba. Estaba brumoso y sin estrellas. Cerré de un portazo la ventana, bajé las cortinas y me encogí en la cama, sintiéndome solo y triste. Finalmente me quedé dormido, sin desvestirme.

La mañana siguiente, me desperté asustado por el sonido de martillos neumáticos y el tráfico pesado. Por un instante no sabía dónde estaba ni qué pasaba. Me levanté de la cama y me asomé por la ventana. Estaban derribando un edificio alto de ladrillos al fondo de la calle. Me senté al borde de la cama y miré al piso. Sintiéndome cansado, solo y desanimado, saqué de mi maleta una libreta en la cual había anotado unos recuerdos de mi niñez. Los había escrito en la universidad para animarme y darme fuerzas siempre que me sentía así de bajo, como en ese momento.

Repasé la historia que había escrito sobre mis esfuerzos de pizcar algodón cuando tenía seis años. Mis padres solían estacionar nuestra vieja carcachita al final de los campos de algodón y me dejaban solo en el carro para cuidar al Trampita, mi hermano menor. No me gustaba que me dejaran solo con él mientras Roberto y ellos se iban a trabajar. Por eso, una tarde, creyendo que si aprendiera a pizcar algodón mis padres me llevarían con ellos, mientras Trampita dormía en el asiento trasero del carro, caminé al surco más cercano y traté de pizcar algodón por primera vez. Era más difícil de lo que pensaba. Pizqué las borras de algodón una a la vez y las apilé en el suelo. Las puntas agudas del cascarón me arañaban las manos como si fueran uñas de gato y a veces se enterraban debajo de las uñas y hacían sangrar los dedos. Al final del día estaba cansado y decepcionado porque había pizcado muy poco. Para colmo, me olvidé de cuidar a Trampita, y cuando mis padres regresaron, se enojaron conmigo por haberlo ignorado. Trampita se había caído del asiento, tenía el pañal sucio y estaba llorando.

Mientras leía otros recuerdos, empecé a revivir mis experiencias de mudarme de campamento en campamento; siguiendo las cosechas; viviendo en viejos garajes y carpas para migrantes; trabajando en los campos al lado de mis padres y mi hermano mayor, pizcando fresas, uvas, algodón y zanahorias; y, hasta que cumplí los catorce, perdiéndome dos meses y medio de escuela cada año para ayudar a mi familia a sobrevivir. Cuando terminé de leer, sentí las mismas fuerzas y el mismo alivio que sentí la primera vez que los escribí.

Coloqué la libreta en mi escritorio y saqué de mi cartera una imagen desteñida de la Virgen de Guadalupe que mi padre me había dado el día que mi familia me dejó en la universidad. "Cuídate, mijo", me había dicho. "Recuerda ser respetuoso". Sentí un nudo en la garganta mientras recordaba besar sus manos cicatrizadas y curtidas cuando me dio la estampa. La alisé con las palmas de las manos, la besé y recé, y luego la sujeté con tachuelas al lado de mi escritorio y suspiré.

Unos minutos después, mi pequeño baúl militar de segunda mano que había enviado de la casa fue entregado a mi cuarto. Lo desempaqué y colgué en el ropero la poca ropa que había traído, la misma que había usado los últimos dos años en la universidad. Coloqué el *Diccionario y Tesauro de Webster* en el estante sobre el escritorio, enchufé mi pequeño radio despertador, y escuché unas cuantas canciones populares —"I'm a Believer", "Help!", "Can't Get No Satisfaction" y otras— mientras repasaba mi horario. Tenía libre toda la mañana para explorar el campus por mi cuenta, y estaba invitado a asistir a una recepción para los becarios Woodrow Wilson en la sala de John Jay Hall esa misma tarde.

Leí la lista de reglas para la residencia John Jay Hall. Una de ellas me llamó la atención: "Se prohíben visitas de mujeres en el dormitorio a cualquier hora". No me molestó porque era la misma regla que había tenido en la universidad; sin embargo, me sorprendió porque aplicaba a los estudiantes graduados de la Universidad de Columbia, que no estaba afiliada a ninguna iglesia como mi *alma mater*, una institución jesuita católica. Me desvestí, me puse una toalla en la cintura, tomé una barra de jabón y caminé por el pasillo hasta el cuarto grande de duchas, el cual tenía ocho regaderas, y dos ventanitas rectangulares a la calle muy arriba de la pared. La pintura estaba agrietada y astillada, y varios azulejos estaban quebrados. Después de bañarme, me afeité en el pequeño lavabo de mi cuarto, me vestí y tomé el ascensor a la planta baja, donde estaba el comedor.

El comedor espacioso de John Hay Hall era lujoso, digno de realeza. Tenía tableros de madera finamente detallados, un techo con acabado decorativo y ventanas de vidrio con cortinas de rojo oscuro. Se ofrecían varias opciones de comida, al estilo cafetería, y se valoraba cada cosa individualmente. Me sorprendió el alto costo. Hubiera preferido una tarifa plana por un sistema de bufet como el que tuve mi primer año en la universidad —no sin sus consecuencias—. ¡Al final de ese año había subido 30 libras de peso! Por los próximos tres años había recibido el alojamiento y la comida gratis por ser un prefecto, trabajo que requería imponer reglas estrictas de la residencia y también otros quehaceres menos estresantes. Aunque la beca Woodrow Wilson me aportaba fondos para la colegiatura, el alojamiento, la comida y los gastos básicos, yo estaba seguro de que no podía darme el lujo de comer todas mis comidas en esa cafetería. Pensé en otras posibilidades, incluso el comer sólo dos veces al día, y se me ocurrió la idea de comprar una estufita eléctrica y cocinar en mi cuarto, pero decidí no hacerlo porque violaría una de las reglas de la residencia que prohibía el uso de aparatos eléctricos. Después de un almuerzo ligero, fui a la oficina de vivienda y recogí una lista de cafés, tiendas de comestibles y bancos, un mapa del metro y un directorio del campus con breves descripciones de los puntos de interés.

Con el mapa del campus y el directorio, fui al Chemical Bank en la esquina de la Calle 110 y Broadway y abrí una cuenta de cheques. Deposité los mil dólares que había recibido de la Fundación Woodrow Wilson para cubrir mis gastos de vivienda y comida para el primer semestre. Escribí un cheque de caja de cien dólares a mi padre para ayudarlo a pagar sus gastos. Él estaba viviendo en Tlaquepaque, México, con mi tía Chana, su hermana mayor, que lo estaba cuidando.

Cuando estaba en mi segundo año en la universidad, mi padre había sufrido una crisis de nervios. Dejó a nuestra familia, y regresó a su tierra natal como un hombre devastado. Sufrió serios problemas de la espalda como resultado de hacer trabajo en que se agachaba desde la madrugada hasta el atardecer día tras día por muchos años. Físicamente ya no podía trabajar en los campos, el único trabajo que podía conseguir por no hablar inglés y no tener una educación formal. Por consecuencia, se sentía inservible, una carga para la familia. A menudo se quedaba en la cama todo el día y se rehusaba a afeitarse, comer o hablar con nadie. Ninguno de nosotros se sentía relajado ni contento en su presencia, pero seguimos rezando por él y siendo respetuosos. Su partida nos causó una tristeza profunda, pero también fue un alivio para mi madre, que se había convertido en el blanco de su mal humor.

Cuando mi padre no podía trabajar más, mi familia dejó de mudarse y seguir las cosechas temporales. Nos establecimos en Rancho Bonetti, un campamento para trabajadores migrantes en Santa María, un pequeño pueblo agrícola en la costa central de California. Para mantener a mi familia, Roberto y yo conseguimos trabajos de conserjes. Trabajábamos treinta y cinco horas a la semana mientras asistíamos a la escuela. Mi hermano trabajaba para el distrito escolar de Santa María, y yo fui empleado de la empresa Santa María Window Cleaners. Limpiaba oficinas comerciales. Durante todo mi tiempo en la escuela secundaria, yo trabajaba por las mañanas, antes de empezar las clases, por las tardes y los fines de semana. Barría y desempolvaba oficinas, limpiaba ventanas e inodoros, y lavaba y enceraba pisos.

En el banco, escribí un segundo cheque de doscientos dólares a mi madre para ayudarla a pagar su comida y alquiler. Ella se había mudado a una casa de dos habitaciones en las afueras de Santa María con mis cuatro hermanos menores un año después de que mi padre se fue y que nuestra vieja barraca en Rancho Bonetti se quemó por completo a causa de una falla eléctrica. Ella seguía trabajando en los campos, y Trampita, el tercero de la familia, trabajaba como conserje de medio tiempo mientras asistía a la escuela secundaria. Roberto y Darlene también le ayudaban cuando podían.

Mandé por correo los cheques y me fui a una tienda de comestibles cercana y compré cosas para mis desayunos: un tazón blanco de plástico para el cereal, pan de molde blanco, un frasco de crema de cacahuate con trocitos, un frasco de mermelada de arándanos, una caja de hojuelas de maíz y sólo una pinta de leche, como no tenía refrigerador. Regresé a mi cuarto, guardé la comida en el ropero y di un recorrido por el campus de la universidad, empezando con John Jay Hall.

Columbia se fundó en 1754 por un decreto real del Rey Jorge II de Inglaterra, y fue nombrada King's College. John Jay Hall se construyó en 1925, y se le conocía como la residencia rascacielos porque era el edificio más grande del campus. Albergaba 484 cuartos y, en el sótano, el Lion's Den, un bar con un techo de vigas de madera y una chimenea enorme que también vendía comida. Fue nombrada en honor de John Jay, el primer presidente de la Suprema Corte de los Estados Unidos, que se graduó en la clase de 1764.

A unas cuantas yardas a la derecha de John Jay Hall estaba la Biblioteca Butler. Arriba de la arcada de columnas griegas estaban inscritos los nombres de grandes escritores, filósofos e intelectuales: Homero, Heródoto, Sófocles, Platón,

Aristóteles, Demóstenes, Cicerón, Virgilio, Horacio, Tácito, San Agustín, Aquino, Dante, Cervantes, Shakespeare, Milton, Voltaire y Goethe. Me sentí orgulloso de reconocer la mayoría de los nombres y de haber leído algunas de sus obras en la universidad. Para mi curso de filosofía, había escrito un ensayo sobre "La alegoría de la caverna" de *La República* de Platón, en donde comparé a los prisioneros —que estaban en una caverna oscura encadenados al piso y frente a una pared en blanco— con mi familia y otros trabajadores del campo cuya lucha diaria por llevar simplemente el pan a sus mesas les impedía romper los grilletes del duro trabajo y mejorar sus vidas. Me identifiqué con el prisionero que se escapó y ayudó a los demás a liberarse. Ahora que estaba en Columbia, sentí aún más una afinidad con aquel prisionero y un deseo de usar mi educación de alguna manera para ayudar a liberar a los trabajadores migrantes.

Corté camino por la vereda de ladrillos rojos, College Walk, que servía como calle entre Broadway y la Avenida Ámsterdam, y subí unas largas escaleras de granito hacia una terraza superior, asombrado por la belleza de una grande e imponente estatua. Era de Minerva, la diosa romana de la poesía y sabiduría. Vestía una toga académica, con una corona, y estaba sentada majestuosamente en un trono con un libro abierto en el regazo con ambos brazos extendidos. En la mano derecha tenía un cetro. Más arriba de las escaleras, en la terraza superior, estaba la Biblioteca Low Memorial, que fue la biblioteca principal hasta 1934 y ahora era el centro administrativo de la universidad. Me senté en las escaleras mirando todo el centro del patio del campus y empecé a pensar sobre mi *alma mater* y su arquitectura española colonial. Extrañaba asistir a misa en la Iglesia de la Misión en medio del campus y ver los edificios de azulejos rojos, de dos a tres pisos, y herrajes y jardines con verdes céspedes, palmas, olivos y rosas rojas, amarillas y blancas.

Regresé a mi cuarto, escuché la radio por un rato, y me alisté para la recepción de Woodrow Wilson. Me puse un traje verde claro y una corbata de clip que el padre O'Neill, un sacerdote jesuita y mentor, me había comprado durante mi último año de la universidad para que los llevara en la entrevista de finalistas para la beca Woodrow Wilson en la Universidad de Stanford. Tomé el ascensor hacia el salón en la planta baja, donde la recepción iba a tener lugar. Fui el primero en llegar. El espacioso salón elegante con paredes de madera —con vigas oscuras y un revestimiento de madera y alfombra afelpada roja— era asombrosamente hermoso. Unas grandes pinturas al óleo de estadistas del periodo colonial decoraban las paredes. Un busto de bronce de John Jay estaba colocado en un pedestal al lado del piano. A su izquierda había una enorme chimenea de piedra, y arriba del mantel un bloque enmarcado de mármol que tenía una inscripción con letras de oro que decía "Aférrate al espíritu de la juventud. Deja que los años por venir hagan lo que quieran".

La charla de dos hombres con pantalones negros y camisas blancas interrumpió mis pensamientos. Uno empujaba un carrito con botellas de vino, servilletas, tazas de té y platillos, y copas de vino; el otro cargaba una charola con pequeños sándwiches. Cuando los saludé y ofrecí ayudarles, se negaron cortésmente. Unos minutos después, una corriente constante de becarios Woodrow Wilson bien vestidos, la mayoría hombres, llenaron el cuarto y rápidamente formaron grupos pequeños. El dulce olor agudo del agua de colonia de los hombres chocó con el aroma de mi Old Spice. Aquellos en mi grupo bebían vino y conversaban sobre sus logros e intereses académicos, sus viajes al extranjero y sus *alma mater*: Harvard, Yale, Princeton... Yo envidiaba su seguridad y me sentí intimidado por sus experiencias en extensos viajes por Europa y otras partes del mundo. Muchos vestían alfileres de solapa de Phi Beta Kappa. Los escuchaba nerviosamente, evitando mirarlos a los ojos y sintiendo un árido, polvoriento sabor en la garganta. Me sentía fuera de lugar al igual como cuando entré a primer grado sin saber ni una palabra de inglés, a pesar de que en ese entonces tenía seis años y ahora veintitrés. Sintiéndome incómodo e inseguro sobre todo lo que me rodeaba, me despedí, me alejé cuidadosamente del salón, y pegué una carrera hacia mi cuarto.

Afuera del campus

Dos días después de mi llegada, salí nerviosamente a explorar la Ciudad de Nueva York. Al salir por la puerta principal del muro, entre la Calle 116 y Broadway, de repente el aire se llenó del ruido del tráfico, y algunos periódicos y folletos políticos rodaron por el pavimento en ráfagas de viento cálido y húmedo. En la estación del metro de Broadway-Séptima Avenida, le pregunté al asistente en la entrada cómo llegar al centro de la ciudad.

—Bájese en la Calle 42 —me dijo él.

Compré una ficha para el metro por quince centavos, pasé por el torniquete y esperé el tren pacientemente en el andén. La estación cálida y poco iluminada era como un horno. Sus paredes de azulejos blancos estaban sucias y cubiertas de grafiti. Había una imagen de la Universidad de Columbia dentro de un borde de azulejos pequeños en medio de la pared. Una luz lejana apareció en el túnel cuando el tren que viajaba hacia al sur se acercó a la estación. Al acercarse, hizo un ruido ensordecedor. Cuando finalmente se detuvo, rechinó y silbó. Las puertas se abrieron y se cerraron de repente e inmediatamente volvieron a abrirse. En cada parada, se escuchaban mensajes casi incomprensibles en el altavoz y el tren se llenaba cada vez más de pasajeros, muchos de los cuales parecían cansados y tristes. La mayoría de ellos mantenían la cabeza agachada, otros miraban directamente hacia adelante, evitando mirarse a los ojos, y algunos dormían. Enfrente de mí estaba sentado un hombre grande y desaliñado; leía el periódico *Daily News*. Llevaba una camisa desgarrada, botas desgastadas y pantalones rotos en las rodillas. Marcaba pasajes del periódico con un lápiz y se murmuraba algo a sí mismo. Cuando cruzamos miradas, sonreí y lo saludé. Él pareció estar sorprendido. Sin decir una palabra, se levantó y cambió de lugar. Vi una cuerda roja cerca de la puerta y me pregunté para qué servía. Luego me acordé de mis viajes en el autobús de la ciudad de Santa Clara, California y como tenía que jalar una cuerda para avisarle al conductor que quería bajarme en la siguiente parada. Al darme cuenta de que nos estábamos acercando a la Calle 42, me paré y jalé la cuerda. Un chillido traspasó las sucias ventanas deslizantes, las luces fluorescentes parpadearon y bajaron. Al observar que todos parecían asustados, yo me alarmé. ¿Qué pasó? La puerta se abrió bruscamente. Un policía alto entró corriendo y examinó el sitio como un perro olfateador. Llevaba una macana en la mano derecha y volteó hacia donde yo estaba.

—¿Es esta la Calle 42? —le pregunté tímidamente.

—La siguiente parada —me respondió molesto mientras corría al siguiente vagón.

En ese instante me di cuenta de que el tren solamente se paraba en estaciones designadas. Después de unos minutos el tren se sacudió, retrocedió un poco y luego siguió adelante. Miré la cuerda roja otra vez con más cuidado y vi un aviso debajo que indicaba que era el freno de emergencia. Corrí hasta la puerta avergonzado y esperé ahí para bajarme en la próxima parada.

La estación de la Calle 42 estaba llena de gente que se apresuraba para llegar a sus trenes de conexión. No había visto tanta gente hablar tantas lenguas diferentes y vestirse de tantas maneras distintas desde que presté juramento para la ciudadanía en San Francisco cuando yo estaba en el tercer año de la universidad. Después de salir a codos por las escaleras, me encontré en medio de Manhattan, mirando hacia lo alto de los edificios. El ruido del tráfico era ensordecedor e incesante. Los rayos del sol competían con los rascacielos para llegar a las calles y las aceras sucias. Las olas de peatones que caminaban en ambas direcciones me pasaban como si estuvieran en una carrera. Me sentía como si estuviera en un torbellino. Me hice a un lado para tomar refugio en la entrada de un cine que estaba repleta de basura y que olía a orines. Entonces, comencé a caminar más rápido a lo largo de una zona de cines en decadencia. Vi marquesinas que tenían luces neón que promocionaban entretenimiento para adultos. En las entradas había hombres con camisas brillantes de poliéster, pantalones entallados y zapatos de punta. Repartían folletos que promovían películas pornográficas y a bailarinas desnudas en vivo. El área entera y los hombres asociados con ella me fascinaban y me molestaban al mismo tiempo. Me recordaban al Tiger Town en Santa María, un barrio pobre que estaba repleto de cantinas y licorerías antiguas en la parte oeste de la ciudad. La acera estaba sucia con colillas de cigarro, paquetes de cigarros vacíos y botellas de cerveza quebradas. Cuando yo estaba en la escuela secundaria, cada domingo barría las aceras y lavaba las ventanas de cada cantina en Santa María, pero a diferencia de los hombres en la Calle 42, por los cuales tenía sentimientos encontrados, los hombres en Tiger Town me daban lástima. Ellos eran principalmente braceros, campesinos jóvenes de México que venían de sus campos de trabajo locales a Tiger Town cuando no había mucho trabajo. Se sentaban en la cantina a tomar cerveza y escuchar música ranchera en la gramola con el fin de distraerse de los recuerdos de su familia y su tierra natal.

A unas cuadras de la Calle 42, me topé con algunas tiendas de música. Los altavoces en las entradas tocaban música de The Beatles, The Rolling Stones, The Mamas and the Papas y otros grupos. Un cartel grande de Elvis Presley que se exhibía en una ventana fue lo que me atrajo a una de las tiendas. Él había sido mi cantante favorito desde el octavo grado cuando interpreté su canción "Treat Me Like a Fool" enfrente de la clase, anhelando que me aceptaran más mis compañeros, quienes eran fanáticos de Elvis. Les eché un vistazo a los montones de discos de vinilo y a los álbumes musicales. La portada del álbum *If You Can Believe Your Eyes and Ears* por The Mamas and the Papas me pareció graciosa. Tenía retratado al grupo en la tina de un baño con un inodoro en el fondo. Pero al mismo tiempo me causó tristeza porque me recordaba a nuestra barraca dilapidada en Rancho Bonetti, el lugar donde vivía mi familia cuando yo asistía a la escuela secundaria y a la universidad. Nosotros nos bañábamos en una tinita redonda de aluminio en un cobertizo improvisado que mi padre había construido al lado de nuestra barraca con madera que encontramos en el basurero municipal. Detrás de la barraca estaba la letrina que compartíamos con otras dos familias.

Salí de la tienda, caminé hacia el oeste hasta llegar a la Quinta Avenida y luego me fui hacia el norte. Inmediatamente me impactó lo diferente que era de la Calle 42. Por la calle amplia y limpia iban peatones bien vestidos que emitían el olor de perfume rico cuando pasaban. Vestían ropa que solamente había visto en las revistas de moda. Hombres y mujeres cruzaban las amplias avenidas; su elegancia llegaba a parecer arrogancia. Tiendas lujosas con nombres franceses e italianos llenaban la avenida: Gucci, Ferragamo, Louis Vuitton, Prada. Brooks Brothers era el único nombre que me sonaba familiar porque algunos de mis compañeros en la universidad habían comprado ropa de esa marca. Entré a Saks Fifth Avenue, la cual estaba repleta de clientes vestidos a la moda, y les eché un vistazo a las vitrinas que estaban llenas de joyas bien arregladas. Un par de aretes plateados en forma de mariposa me llamaron la atención. Me acerqué para mirarlos y me quedé boquiabierto cuando miré el precio. ¿Quién se puede dar el lujo de comprar cosas aquí? Me acordé de las quejas de mi madre con los precios cuando nos compraba ropa de segunda mano a mis hermanos y a mí. Cuando salí de Saks, me sentía extraño e incómodo. Al llegar a la Calle 59, vi menos almacenes y más edificios residenciales junto a Central Park. Pasé junto a mansiones antiguas y apartamentos que parecían palacios. La mayoría de ellos tenía doseles en sus entradas y porteros vestidos de negro. Miré hacia arriba y vi unos gorriones construyendo un nido en un espacio pequeño en la ventana del tercer piso de un apartamento lujoso. Uno de ellos voló sobre mi cabeza y hacia el parque. Me agaché por instinto. Un portero, quién me estaba mirando, se rió y dijo:

—Es un gorrión agresivo, ¿no lo crees?

Sonreí y asentí con la cabeza.

—Que tenga buen día —me dijo.

—Gracias. Usted, también. —Crucé la calle y entré a Central Park.

El parque parecía un bosque grandísimo, un oasis, con árboles y lagos, pistas de hielo, canchas de tenis, campos de béisbol y muchos parques infantiles. Me topé con una terraza de ladrillo rojo en dos niveles unidos por una escalera. Al bajar un nivel, me senté en un banquillo que estaba cerca de una fuente enorme de un ángel grande de bronce, parado sobre cuatro querubines. En frente de ella había un grupo de hippies que estaban sentados de pierna cruzada en un círculo, tomando y fumando marihuana. Uno de ellos tocaba una guitarra y cantaba desentonado. Una pareja se abrazaba y se besaba. Me pregunté cómo se sentiría ser tan desinhibido. Como mis padres, yo nunca mostraba cariño en público. Mi padre casi nunca lo mostraba en casa. Seguí paseando en uno de los varios caminos serpenteantes que atravesaban el parque. Un transeúnte me mostró el signo de paz y me sonrió. A lo largo del camino había banquillos quebrados y piedras grandes cubiertas de grafiti. Escrito en una roca lisa estaba "Que paguen los cerdos", refiriéndose a la policía, y "Haz el amor y no la guerra". La presencia de un indigente acostado al lado de ella me llenó de tristeza. Estaba demacrado, sin afeitar y llevaba ropa sucia. Su rostro oscuro estaba lleno de arrugas verticales. Me metí la mano al bolsillo y le di el poco cambio que tenía. No sabía qué más hacer.

—Que Dios te bendiga, hermano —me dijo.

De repente me sentí deprimido y cansado. Me fui del parque, tomé el metro de regreso a casa y sentí pánico cuando salí de la estación y no vi la entrada de Columbia. Me apuré a bajar de nuevo. El hombre en la taquilla me miró la cara y adivinó mi error.

—Aquí no es Broadway —dijo él.

Me había subido en el tren equivocado y había llegado a la estación de la Calle 116 y la Avenida Lenox, la cual estaba en el lado oeste de Manhattan. Estaba en Harlem. Él me dijo que primero tomara el metro de regreso a la Calle 42, después el servicio de enlace y por último el tren del West Side en Upper Manhattan. Cuando por fin llegué a casa, estaba exhausto.

La mañana siguiente me levanté tarde y cansado. Me seguía acordando de lo que había aprendido y visto el día anterior. La ciudad parecía fría, distante e impersonal, pero también estaba llena de vida y contrastes patentes y fascinantes.

La separación

Unos días después de llegar a Columbia, recibí una carta de Laura que me destrozó el corazón. Era la respuesta a una carta que yo le había escrito dos días antes de partir, después de haber trabajado todo el verano para la Compañía de Gas del sur de California en Santa María. La mía era una carta sentimental en la que, por primera vez, le había dicho que la amaba. Me sentía triste e inseguro sobre nuestra relación cuando la escribí, ya que no iba a poder verla por casi doce meses.

Laura y yo habíamos empezado nuestra relación tres años antes, cuando éramos estudiantes en la Universidad de Santa Clara, ambos con especialidad en español. Yo estaba en el segundo año y ella en el primero. Nos conocimos en un curso de literatura latinoamericana. Desde el primer momento que vi a Laura, con sus bellos ojos grandes cafés, alta frente y sonrisa dulce, me gustó. Me impresionó a mí y a todos los demás, incluso al profesor, con sus análisis inteligentes y profundos de la literatura, aun cuando era la única en la clase que no era hispanohablante nativa. El destino quiso y fue mi suerte que trabajamos juntos en el laboratorio de idiomas y compartimos experiencias de la niñez después de que cerrara el laboratorio. Me contó historias sobre sus antepasados inmigrantes italianos.

A los dieciséis años, su abuelo materno, Arrigo Descalzi, dejó su pueblito natal en Sestre Levante, pasó por Ellis Island y se las arregló para llegar a California, donde empezó a vender verduras en un carretón de caballos. Se enamoró y se casó con Caterina Zunino, que también era de Italia y trabajaba como camarera en San Francisco. Toda la familia, incluyendo la madre y el padre de Laura, hablaban italiano en casa. Laura se sentía orgullosa de su cultura al igual que yo de la mía. Hasta una vez le confesé que yo había nacido en México y que mi familia y yo cruzamos la frontera de manera ilegal cuando yo tenía cuatro años. Su aceptación me liberó del secreto que me había perseguido por muchos años. Con el tiempo, desarrollé un profundo cariño por ella y aprendí a confiar en ella.

"Necesitas tiempo para ti solo, sin ninguna distracción", escribió. "Deberías aprovechar todas las oportunidades que Columbia y Nueva York te ofrecen. No quiero que te desenfoques de tus estudios y que estés pensando en la chica que dejaste en California. No quiero distraerte de tu trabajo..." Las manos me empezaron a temblar mientras seguía leyendo. "Me duele terminar nuestra relación, pero es lo mejor para ti, para los dos".

Laura era cautelosa y considerada al expresar sus opiniones y sentimientos, entonces yo sabía que cada palabra que decía era sincera. Los ojos se me llenaron de lágrimas y el pecho se me apretó. Imaginé verla en el mismo vestido amarillo que solía llevar en la universidad. En ese momento quería meterme en su mente y abrirle el alma completamente para convencerla de que no rompiera conmigo. Su preocupación por mí me hacía amarla aún más. Los músculos de mi cuello me empezaron a doler. Me dolía la garganta y las sienes me palpitaban. El pensar que nunca más la volvería a ver, ni escuchar su voz, ni comunicarme con ella era inimaginable. Sentía como si alguien me hubiera arrancado el corazón del pecho. Para desprenderme del dolor, salí en un estado desesperado y rondé sin rumbo por las calles del Upper West Side de Manhattan hasta cansarme. "El tiempo cura todas las heridas", pensé, tratando de convencerme de que el dolor del corazón se me pasaría.

Durante el próximo par de días traté de contestar la carta de Laura, pero cada vez que me sentaba en el escritorio para escribir, no podía; mis sentimientos me dominaban. Un atardecer, después de salir a caminar por Riverside Drive, que corre paralelo al Río Hudson, me sentía lo suficientemente calmado para pensar claramente y finalmente puse en palabras lo que necesitaba decir. Me apuré a regresar al cuarto y empecé a escribir. Me tomó todas las fuerzas para suprimir mis verdaderos sentimientos sobre nuestra separación. Sabía que si le dijera lo afligido que estaba, le pondría triste. Y además, tenía demasiado orgullo como para rogarle que cambiara de idea. "He empezado esta carta cuatro veces y todavía no sé cómo empezar", le escribí. Se me hacía difícil mantener la mano firme. "Recibí tu carta el viernes pasado y la he de haber leído diez veces... Laura, quiero darte las gracias por romper conmigo. Me alegro de que tuvieras más prudencia que yo para decírmelo". Los ojos se me llenaron de lágrimas y se me hizo un nudo en la garganta. Respiré hondo y seguí. "Bueno, para mí también fue un placer haberte conocido. He aprendido mucho de ti. Siento que soy mejor persona por haber compartido parte de mi vida contigo... No sé cómo terminar esta carta. Creo que la mejor manera sería desearte la felicidad y todo lo mejor". Volví a leer la carta, la firmé, la doblé con cuidado, y la puse en un sobre. Dos días después se la mandé, sintiéndome enfermo. El corazón me latía con impaciencia, esperando que el tiempo pasara.

Primeros encuentros

El día después de mi llegada a Columbia, tenía una cita con el profesor James Shearer, el jefe del Departamento de Español de la escuela de posgrado, para recibir consejos académicos. Caminé hacia Philosophy Hall, un edificio de ocho pisos de ladrillo rojo que fue construido en 1910, el año en que nació mi padre. Tenía una entrada de arco con puertas dobles de cristal biselado y ventanas con rejas de hierro. Una escultura de bronce al frente del edificio representaba a un hombre sentado inclinado en una roca con la barbilla apoyada en la mano izquierda. No tenía idea de lo que representaba la estatua ni quién era su escultor hasta que leí la inscripción en su base: "*El pensador* por Auguste Rodin". Mientras que la admiraba, un perrito negro se me acercó desde atrás y comenzó a ladrar sin cesar a la estatua. Le dio algunas vueltas moviendo la colita y luego se fue.

En el vestíbulo, miré el directorio para verificar que la oficina del profesor Shearer era el número 301. Subí las gastadas escaleras de mármol hasta el tercer piso y toqué nerviosamente la puerta entreabierta.

—Adelante —contestó con una voz rasposa.

Estaba sentado detrás de un escritorio majestuoso de madera y fumaba de una pipa fina. Cuando entré, la colocó en un cenicero plateado, me saludó y me pidió que me sentara. Él se quedó sentado. Me acerqué, me presenté y lo saludé. Luego me senté en un sillón de cuero rojo oscuro en frente de él. Era un hombre mayor y delgado con un aspecto distinguido que vestía un abrigo de tweed marrón, pantalones en marrón oscuro y un corbatín de rayas. Su rostro parecía granito cincelado por la experiencia y el conocimiento. Su oficina, la cual era tres veces más grande que mi dormitorio, tenía paredes de paneles oscuros, un techo alto y dos ventanas grandes en arco. Los estantes detrás de su escritorio estaban llenos de libros. Después de mirar mi expediente, él sugirió que me registrara para quince unidades semestrales: Expresión y Estilo Avanzado, Literatura Hispanoamericana, Literatura de la Revolución Mexicana y *Don Quijote de la Mancha*. Luego, como una grabación, me explicó todos los requisitos de la maestría y el doctorado.

Antes de poder perseguir un doctorado, tenía que estudiar una maestría, para la cual era necesario tomar 30 unidades semestrales, aprobar exámenes orales y escritos y escribir una tesis. Para el doctorado tenía que tomar 30 unidades encima de la maestría, aprobar exámenes orales y escritos, saber leer latín y francés y escribir una tesis acerca de un tema original de investigación.

Cuando por fin acabó, las manos me sudaban y mi corazón estaba a punto de estallar.

—¿Tienes preguntas? —dijo, al fumar de su pipa.

—¿Por lo general, cuánto tiempo se toma para terminar un doctorado? —le pregunté al limpiarme las manos en mi regazo.

—En mi opinión nadie lo debería recibir en menos de diez años —contestó.

Se me vino el mundo abajo.

—Sin embargo, la administración actual espera que todos los estudiantes terminen en seis o siete años.

Sentí algún alivio y por dentro le agradecí a la administración.

—En cuanto a mí —agregó—, no existes para nosotros hasta que hayas pasado los exámenes del doctorado.

Esperé que se riera o que me dijera que era una broma. Se quedó serio. Fingí una sonrisa y me movía nerviosamente.

—¿Tienes alguna otra pregunta?

Antes de que tuviera tiempo de responderle, agregó de inmediato:

—Está bien, entonces. —Se paró y agarró de su escritorio una pequeña pila de papeles engrapados y me los entregó:

—Aquí está la lista de lecturas para la maestría. Tengo que irme a una reunión.

Su brusquedad me tomó por sorpresa. Lo seguí fuera de su oficina y me moví a un lado cuando azotó la puerta y la cerró.

—Gracias. Fue un placer conocerlo —le dije.

—Igualmente. ¡Suerte! —me contestó.

Su cuerpo alto y flaco se desvaneció como una sombra.

Cuando regresé a mi cuarto, me sentía nervioso y decepcionado, pero, sobre todo, me sentía humillado y ofendido. Me senté en mi escritorio y leí la lista de diez páginas de las lecturas para la maestría, la cual incluía literatura española y latinoamericana y críticas literarias. A pesar de conocer muchos de los títulos y autores, mi ansiedad y decepción se convirtieron en temor cuando descubrí que había leído sólo unas pocas de las obras. Le recé a la Virgen de Guadalupe, tomé el cuaderno del cajón de mi escritorio, y, de nuevo, para darme valor, empecé a leer las historias que había escrito sobre mi niñez.

Leí la historia de Torito, mi hermanito, quien contrajo una enfermedad grave cuando vivíamos en Tent City, un campamento de migrantes en Santa María. Tenía sólo meses de edad cuando empezó a sufrir convulsiones y tener diarrea. Mis padres le dieron té de menta y consultaron a una curandera, quien le frotó huevos crudos en el estómago. Cuando se empeoró, mis padres lo llevaron de inmediato al hospital del condado, aunque no tenían dinero para pagar los gastos médicos. El doctor les dijo que Torito se iba a morir, pero no quisieron creerle. Trajeron a Torito a casa y toda nuestra familia le rezó todos los días al Santo Niño de Atocha, el niño Jesús, hasta que mi hermanito se alivió.

Al escuchar a alguien en mi puerta, guardé mi cuaderno en mi escritorio y abrí la puerta. Un estudiante que había visto en el pasillo un par de veces estaba enfrente de mí. No era muy alto ni muy bajo, era un poco robusto, con pelo negro oscuro y flequillos.

—Hola, soy Phillip Andrews, tu vecino de enfrente —me dijo sonriendo.

Me presenté y le pedí que entrara. Se sentó en mi escritorio y yo en la orilla de mi cama.

—Estabas en la recepción de Woodrow Wilson hace unos días, ¿no? —me preguntó.

—Sí...

—Claro. Pensé haberte visto ahí. ¿Qué te pareció la bienvenida de Jacques Barzun? Jacques Barzun era el decano de la escuela de posgrado.

—Creo que me fui antes de que hablara —le dije—. No me sentía muy bien.

—Qué mala suerte —dijo Phillip—. Es un historiador intelectual muy impresionante. He leído varias de sus obras. Su libro *La raza francesa* ha sido útil en mi investigación de los fracasos y logros del nacionalismo bretón. ¿Conoces algunas de sus obras?

Phillip tenía un aspecto humorístico y malvado que se apoderaba de sus ojos y boca grande. Me sentía un poco incómodo y no estaba muy seguro de por qué me había preguntado eso.

—No. Yo no me enfoco en la historia —le dije, para intentar justificar mi ignorancia—. Estudio español. La literatura latinoamericana, para ser más exacto.

—Me fascinan Jorge Luis Borges y Cervantes. De hecho, *Don Quijote* es la siguiente obra en mi lista de lecturas —me dijo.

—Voy a tomar una clase acerca de *Don Quijote* el próximo semestre —le dije, sintiéndome con más calma.

Al recordar mi reunión con el encargado del Departamento de Español, hice una mala cara.

—No pareces estar muy emocionado con el curso —me dijo, con una expresión confundida.

Le conté acerca de mi experiencia con James Shearer y como me había sentido insultado y humillado.

Se carcajeó y me dijo:

—No lo tomes a pecho. Muchos de los profesores aquí tratan a sus estudiantes de esa manera.

Sentí algo de alivio, pero me sentía aún más decepcionado.

A lo largo de nuestra conversación aprendí que Phillip se había graduado como miembro de Phi Beta Kappa de la Universidad de Michigan dos años antes de que yo me graduara de la Universidad de Santa Clara. Él había recibido la Beca Woodrow Wilson para doctorarse en historia europea en la Universidad de Stanford, pero ahora estudiaba en Columbia durante el semestre de otoño, respaldado por una beca de investigación de la Fundación Ford.

De ese día en adelante, Phillip y yo nos reuníamos cada fin de semana durante nuestros descansos en su cuarto o en el mío. Me gustaba reunirme en su cuarto porque su ventana me permitía ver el campus, que atraía a manifestantes, espectadores curiosos, hippies, perros, cantantes de folk y turistas. Siempre que entraba a su habitación, Phillip estaba escuchando música clásica en la radio y leyendo el New York Times o una novela. Al principio, nuestras conversaciones eran mayormente unilaterales: Phillip hablaba y yo lo escuchaba. No me molestaba porque aprendía mucho de varios temas, especialmente la política. Hablaba tan rápido que una idea siempre chocaba con la siguiente; su mente aguda se inundaba de información, o por lo menos así parecía.

Un día lo vi en su escritorio organizando tarjetas rectangulares de color amarillo con perforaciones que tenían esquinas redondas. Cuando le pregunté qué eran, él me indicó que eran tarjetas de IBM en las cuales almacenaba los datos de su investigación, y me habló con entusiasmo acerca de su estudio de los bretones, un grupo étnico de Francia.

—Los franceses los consideraban torpes y primitivos —dijo él, mientras sacudía la cabeza—. Esto fue especialmente cierto durante los siglos XVIII y XIX. Por esa razón, muchos bretones se avergonzaron de su herencia cultural y su lengua materna. —Su voz se agitaba más entre más hablaba—.

Por esa vergüenza, muchos padres no les enseñaron a sus hijos a hablar su lengua materna, sólo el francés.

—Esa fue mi experiencia al crecer —le dije. Aunque era la única lengua que yo sabía, a mi hermano y a mí nos castigaban cuando hablábamos en español y a veces hasta los otros niños se burlaban de nosotros y de otros mexicanos. Nos llamaban *wetbacks* y *greasers*. Algunos de mis compañeros en la escuela secundaria y en la universidad se avergonzaban de ser mexicanos. En anticipación de que Phillip me preguntara acerca de mis sentimientos, añadí de inmediato:

—Fue doloroso y humillante, pero siempre he estado orgulloso de mi herencia. Mi padre insistió en eso.

—Bien por ti. ¡Y por tu padre! Phillip me miró con tristeza y con ojos intensos, como si lo que estaba a punto de decir lo sentía profundamente.

—Desafortunadamente, vivimos en una sociedad racista que no cumple con sus valores e ideales de libertad e igualdad... —Se detuvo, miró por la ventana y continuó como si estuviera pensando en voz alta—. Nuestro país está pasando por un momento de degradación. Las palabras "todos los hombres son creados iguales" no valen nada cuando vemos actos de racismo e intolerancia, especialmente en el Sur. —Levantó las manos en desesperación y añadió:

—Yo estoy desilusionado.

Yo tuve que memorizar y recitar esas mismas palabras de la Declaración de Independencia delante de mi clase de inglés y estudios sociales de octavo grado el mismo día en que vino la migra a mi clase a detenerme. Después de pasar nueve largos años trabajando en el campo y viviendo con el constante temor de ser agarrados, fuimos deportados a México.

—Phillip, estoy decepcionado, pero no desilusionado —le respondí—. A pesar de todos los problemas en nuestro país, hay mucha gente buena que es compasiva y que está dispuesta a ayudar a los demás.

Pensé en lo afortunados que mi familia y yo éramos cuando regresamos a los Estados Unidos de manera legal por la amabilidad de Ted Ito, el aparcero japonés para quien pizcábamos fresas. Él nos patrocinó y nos prestó dinero.

—Pero nuestro país no está gobernado por buena gente —dijo él—. Está gobernado por empresas codiciosas que compran y manipulan a los políticos para que aprueben leyes que favorecen a los ricos. No tenemos un gobierno para la gente.

—¿Qué tal la guerra contra la pobreza del presidente Lyndon Johnson, y la Ley de Derechos Civiles? —yo argumenté—. A mí me parece ser buena persona y un buen líder.

Aprendí de un jesuita en la universidad que un buen líder es aquel que reconoce las necesidades que requieren atención, consigue la ayuda de otros y encuentra la mejor manera de atenderlas, sin comprometer su integridad.

—Las reformas sociales de la Gran Sociedad fueron iniciadas por el presidente Kennedy y no por Johnson. Johnson es un belicista; usa el dinero reservado para estos programas para financiar la guerra de Vietnam. ¿Cómo es eso la integridad? Te repito, nuestros líderes gubernamentales son corruptos. He perdido la esperanza.

No seguí discutiendo con él porque estaba mucho más informado y era más elocuente que yo al hablar de cualquier cosa. Salí de su cuarto sintiéndome menos.

Unos días después, un sábado por la tarde, Phillip vino inesperadamente a saludarme mientras que yo escuchaba música y limpiaba mi cuarto. Apagué la radio y le ofrecí el asiento de mi escritorio. Me paré cerca de la puerta, enfrente de él.

—Me hacía falta un descanso —dijo—. Ha sido una semana bastante ocupada.

—Para mí también.

Echó una mirada a la estampa de la Virgen de Guadalupe que tenía clavada en una orilla de mi escritorio y me preguntó acerca de ella. Le expliqué que era la Virgen María, quien se le apareció en una visión a Juan Diego en 1531, un azteca que se convirtió al cristianismo, cerca de lo que hoy se conoce como la Ciudad de México.

—Ella tiene un lugar muy especial en mi corazón y en el de mi familia y en el de muchos otros mexicanos —dije—. El papa canonizó a Juan Diego y declaró a Nuestra Señora de Guadalupe la patrona de las Américas. Cuando me siento triste o necesito ayuda, le rezo a la Virgen.

—Yo me crié protestante, pero a diferencia de ti, yo ya no practico mi religión. He perdido la fe.

—¡Ay, no! Hace unos días me dijiste que habías perdido la esperanza, y ahora me dices que también has perdido la fe. No puedes hacer eso, Phillip. —Sentí lástima por él—. Mi mamá siempre nos dijo que nunca deberíamos perder la esperanza, no importaba lo difícil que fuera la vida. Ella me dijo, "Si perdemos la fe y la esperanza, mijo, ¿qué nos queda? Una televisión, un carro o una casa, si eres rico".

—Supongo que tu madre se refería a la fe religiosa.

—Sí. Ella es muy devota y sabia.

—Es posible que tu madre tenga la razón —me dijo sin entusiasmo—. Pero ¿cómo se puede tener fe y esperanza cuando existen los horrores de los hornos de gas, los campos de concentración y las bombas atómicas...?

Su voz era cada vez más fuerte y su rostro cada vez más rojo mientras seguía mencionando los males de los Estados Unidos y del resto del mundo. Cuando se detuvo para recuperar el aliento, me disculpé, y le dije que tenía que hacer tarea en la biblioteca. Después de que se fue, me sentí agotado.

A pesar de nuestras marcadas diferencias, igual los dos disfrutábamos de la compañía del otro. Parecía que él se entretenía con mi falta de experiencia en una ciudad grande. Con el paso del tiempo, yo contribuía con más seguridad a nuestras conversaciones, y terminamos siendo amigos.

Una revolución

En la tarde del jueves de la primera semana de clases, me encontraba agobiado con la cantidad de tarea y rodeado por estudiantes de posgrado que estaban mucho más informados, capacitados y más seguros de sí mismos que yo. La mayoría de ellos procedían de países hispanohablantes y habían asistido a universidades prestigiosas en los Estados Unidos y en el extranjero. Al evaluar mi preparación académica y aptitud, me sentí intimidado e inseguro. El temor a reprobar una clase, perder mi beca y desilusionar a mi familia y a los muchos que me permitieron estar en Columbia me empezó a aterrorizar. "No los puedo defraudar", me dije a mí mismo. Había sentido el mismo temor mi primer año de la universidad, pero en ese entonces, lo pude superar con esforzarme el doble, rezar, tomar la fuerza de las experiencias de mi niñez y pedirles ayuda a mis profesores. Decidí volver a hacer lo mismo. El mayor reto sería encontrar a profesores compasivos y bondadosos que, según Phillip Andrews, eran escasos en Columbia.

Afortunadamente, Andrés Iduarte, el profesor que daba

el curso sobre la literatura de la Revolución Mexicana, resultó ser uno de esos profesores.

La clase se reunía cada viernes por la tarde en el segundo piso de Philosophy Hall. Llegué temprano el primer día de clase y me senté en la primera fila, cerca de una ventana con la vista de la escultura *El pensador*. Coloqué mi cuaderno sobre mi escritorio y esperé al profesor ansiosamente. Cuando empezaron a entrar los estudiantes, cada vez que pasaban los mayores que vestían abrigos deportivos con corbatas y que cargaban maletines yo creía que eran el profesor, pero en cuanto tomaron asiento, supe que ellos también eran estudiantes.

Diez minutos después del inicio de la clase, un hombre de unos sesenta años apareció en la puerta. Parecía ser un retrato de un diplomático en un marco. Antes de informarnos que era Andrés Iduarte, se quitó el sombrero y reveló una cabeza perfectamente redonda y ligeramente calva. Llevaba un traje azul oscuro, una camisa blanca con corbata roja, y cargaba un maletín abultado de cuero negro. Tenía los hombros anchos, un estómago sobresaliente y los pies pequeños. Entró, se sentó detrás de una mesa que estaba en frente de la clase y con una voz gruesa y rasposa nos saludó:

—¿Qué tal, jóvenes? —Se desabotonó el abrigo, metió la mano a su maletín, sacó varios libros gruesos que estaban forrados de cuero y los colocó en la mesa al lado de su sombrero. Respiraba con dificultad al pasar la lista, hacía comentarios graciosos al leer cada nombre y anotaba algunas cosas en la lista de estudiantes con su lápiz mecánico. Tenía las manos largas y delgadas, llenas de vida y energía. Cuando llegó a mí nombre, me preguntó amablemente si alguna vez me llamaban Panchito, el apodo de Francisco.

—Sí, así me llama mi familia —contesté—. Estaba nervioso pero complacido. Me mostró una sonrisa amigable y siguió pasando la lista. Cuando terminó, empezó a hablar de manera atenta y digna, pero sin ser formal, acerca de los escritores de la Revolución Mexicana de 1910. Uno por uno, levantó los volúmenes que contenían las obras completas de cada uno de los autores que íbamos a leer e hizo comentarios personales acerca de cada uno de ellos. El profesor Iduarte describió su relación con Martín Luis Guzmán, el secretario privado de Pancho Villa, que escribió *Memorias de Pancho Villa* y *El águila y la serpiente*. El profesor Iduarte y Guzmán fueron compañeros en la Escuela Nacional Preparatoria, la escuela más antigua y prestigiosa de la Ciudad de México. Relató su amistad con Diego Rivera y Frida Kahlo durante el tiempo en que él era el director del Instituto Nacional de Bellas Artes, el centro cultural de la Ciudad de México. Lázaro Cárdenas, el ex presidente de México, le había otorgado ese puesto. También mencionó a otros artistas, ensayistas, poetas, intelectuales y figuras políticas de la época de la Revolución. Me fascinaba su tono coloquial y su amplio conocimiento de la literatura y cultura mexicana. Sus palabras eran como lluvia en tierra seca para mí.

—Nos quedan algunos minutos —dijo, al mirar su reloj. Las dos horas de clase se habían pasado tan rápido—. Antes de que se me olvide —añadió—, necesitan entregar un ensayo de investigación de veinticinco a treinta páginas acerca de un tema relacionado a la literatura de la Revolución Mexicana.

Después de pararse, se abotonó el abrigo y empezó a guardar en su maletín su montón de libros. Me esperé a que salieran todos los estudiantes antes de acercarme a él para preguntarle acerca de nuestra tarea.

—¿Tienes alguna pregunta, Panchito? —me preguntó.

Me acerqué un poco más y le pregunté lo que debía leer para la próxima clase.

—Lo que quieras —dijo él—. Al observar mi confusión, habló con más especificidad.

—Puedes empezar con *El indio*, de Gregorio López y Fuentes.

Emocionado, le agradecí y me salí del salón. Era la primera vez que había tenido un maestro mexicano que daba una clase acerca de mi cultura y que se enfocaba en un tema que yo había escuchado a mi padre y a otros parientes discutir cuando era niño.

Tomé prestado *El indio* de la Biblioteca Butler y me quedé enganchado. A través de la trágica historia de amor de una pareja indígena, el autor examina la situación difícil en que vivían los indígenas durante la época de la Conquista hasta el periodo inmediatamente después de la Revolución. El autor describe la opresión contra los indígenas por la jerarquía de la iglesia, el gobierno y los hacendados que les robaron las tierras a los indígenas, les dieron trabajo y los trataron como esclavos. Un sinnúmero de indígenas se murió por la viruela y otras enfermedades, las cuales ellos atribuían a un brujo, un hombre con malignos poderes supernaturales.

Muchos aspectos del libro eran reales en mi vida. Mi padre, que era en parte huichol por lado de su madre, nació el año en que comenzó la Revolución y en que murió Hilario, su padre. Creció en la época más violenta y caótica de la guerra, y pasó una gran parte de su adolescencia sin tener un hogar fijo porque vivía unos meses con uno de sus hermanos casados y luego con otros. Nunca fue a la escuela, y a los quince años de edad, se fue solo a trabajar en El Rancho Blanco. Él me contó acerca del cruel hacendado en Jalisco (el estado de dónde es mi familia) que usaba la tienda de su compañía para mantener a mi abuelo paterno y a otros campesinos endeudados para siempre.

Como los indígenas en la obra, mi padre creía en el poder de los brujos. Él creía que sus úlceras sangrantes e incesantes dolores de cabeza eran causados por el hechizo de alguien satánico en su tierra natal. "Estoy maldito" me decía, al apretar los dientes y taparse el rostro con sus manos cicatrizadas y curtidas. El año en que nos deportaron, buscó la ayuda de una curandera en México. Mantenía bajo su cama un vaso medio lleno de agua para absorber a los espíritus malévolos y alegaba que había visto a la Llorona. Por respeto, nunca cuestioné sus creencias.

Regresé a la biblioteca varias otras veces para tomar prestados otros libros sobre la Revolución Mexicana. Me gustaba subir las escaleras de mármol, mirar el retrato de Dwight Eisenhower que colgaba en la caja de la escalera, sentir la piedra fría de las barandillas y hojear los catálogos y los libros de referencia. Me asombraba la cantidad que había de libros sobre la Revolución Mexicana y de obras escritas por autores mexicanos.

En seguida leí *Los de abajo* por Mariano Azuela, en el cual el autor presenta, en parte, las barbaridades y efectos deshumanizantes de la Revolución. Recordé que mi tía Chana, la hermana mayor de mi padre, nos contó una historia de las atrocidades que cometían los Federales y los revolucionarios.

"Los federales venían al ranchito montados a caballo y nos robaban lo poco que teníamos. Se llevaban las gallinas y, a veces, hasta las muchachas más bonitas, a pura fuerza. Después venían los pobres revolucionarios, unos a pie, pocos a caballo, y trataban de hacer lo mismo, pero para ese entonces ya casi nada nos quedaba".

En las voces de los personajes campesinos de *Los de abajo* y otras novelas de la Revolución Mexicana, escuchaba la voz de mi familia y de la comunidad de mi niñez.

Días de soledad

Muchos días habían pasado después de mi llegada a Columbia. Empezó a llover, y la lluvia se convirtió en nieve. Poco a poco empecé a aceptar mi nueva realidad, confinado a sólo las cuatro paredes de mi cuarto y a la Biblioteca Butler. Me acostumbré a asistir a clases, realizar investigaciones y leer. Me perdía en las novelas de la Revolución Mexicana y en otras tareas de la clase hasta la madrugada. A veces, me absorbía tanto en mi trabajo que se me olvidaba comer hasta que los dolores y gruñidos del estómago y una debilidad constante me lo recordaban. Para evitar esto, hice un letrero que decía, "NO TE OLVIDES DE COMER", y lo puse arriba de mi escritorio. Al final de los días largos, como premio para mí mismo, iba a un café cerca del campus y disfrutaba de un rollo de canela con una pinta de leche. Durante los días más fríos, cuando no quería salir y aguantar el clima helado, me compraba un paquete de queso y me comía una rebanada como algo especial. Envolvía el paquete en una bolsa de papel y lo dejaba afuera en el alféizar. Ataba la bolsa al calefactor con una cuerda maciza para prevenir que se volara en las tormentas fuertes de nieve.

El trabajo monótono de mi rutina diaria continuó hasta el 21 de diciembre, el día que la universidad se cerró para las vacaciones de Navidad. Las clases comenzarían después del año nuevo, el 3 de enero.

El día antes de las vacaciones, Phillip me invitó a pasar las vacaciones en la granja de su familia cerca de Fulton, Michigan. Sugirió que tomáramos el tren a la mañana siguiente. Le agradecí y le dije que lo pensaría y le diría esa misma tarde. Me senté en mi escritorio, miré por la ventana y me imaginé viajando en tren, escapándome de la monstruosa ciudad de cemento y asfalto, y disfrutando del paisaje del campo durante todo el camino. Me imaginé que la granja en Fulton, Michigan era como las lecherías cerca del Rancho Bonetti en Santa María, donde las vacas andaban libremente y pastaban en los campos de alfalfa verde esmeralda o descansaban bajo los árboles pimenteros. Mis fantasías y la tentación de aceptar la invitación de Phillip pronto se me quitaron cuando volteé a ver la pila de libros en mi escritorio y pensé en los ensayos de investigación que tenía que terminar. Decidí quedarme en el campus y usar ese tiempo libre para estudiar y escribir. Phillip se desilusionó cuando le dije, pero comprendió mi razón.

Durante las dos semanas de vacaciones navideñas, John Jay Hall estaba callada como una tumba. La mayoría de los estudiantes se había ido a casa para pasar las vacaciones con la familia y los amigos. Me pasé ese tiempo haciendo investigaciones en la Biblioteca Butler, ojeando las estanterías que olían a humedad en los pisos quinto y sexto, y sacando revistas académicas y libros para llevarlos a mi cuarto, donde los organizaba por categoría por todo el cuarto. Los hojeaba mientras tomaba un montón de apuntes en mi máquina de escribir portátil. Luego los ponía en las carpetas que correspondían con cada uno de los ensayos finales que escribía para mis clases ese primer semestre, que terminaría el 21 de enero. Mi trabajo me ocupaba e impedía que la soledad me venciera.

A medida que se acercaba la Navidad, revisaba ansiosamente el correo, que se solía entregar a media mañana en los buzones pequeñitos con llave que cubrían toda una pared de la recepción en la planta baja de John Jay Hall. Unos días antes de Navidad, recibí una breve carta de mi padre, que le había dictado a mi tía Chana porque él no sabía escribir. Decía:

"Mi querido hijo, con tanto gusto recibí tu carta y el dinero que me mandaste. Desearía mandarte mi corazón para darte las gracias por todo lo que haces por mí. Dentro de mi alma nunca se me olvidará, y al recibir noticia que estás bien me da fuerzas y ánimo. Recibe muchos abrazos apretados de tu padre que te adora. Te deseo una feliz Navidad".

Sus palabras me levantaron el ánimo y me conmovieron profundamente, pero me preocupaba su salud y quería que hubiera dicho algo al respecto. Afortunadamente, un par de días después, recibí una tarjeta de felicitación de mi madre y mis hermanos menores y una carta de Roberto con noticias de nuestro padre y el resto de la familia. Había escuchado de mi tía Chana que nuestro padre seguía recuperándose de su crisis nerviosa y que me agradecía el dinero que le había mandado. Usó una parte para pagarle a una curandera que le atendía su dolor de espalda y sus dolores de cabeza con diferentes hierbas y medicina tradicional. "Hablando de temas más alegres", Roberto escribió, "tengo buenas noticias. Terminé mis dos años de estudio en Hancock y me promovieron a supervisor del almacén escolar. Gracias a Dios".

Mi hermano había estado trabajando como conserje para el distrito escolar de Santa María, y tomaba clases en Hancock Community College. Darlene, su esposa, trabajaba a medio tiempo en el Hospital de Santa María. Roberto y ella ayudaban y apoyaban a mi madre y mis hermanos menores económicamente. Sonreí cuando leí sobre su hija, mi sobrina favorita:

"Como te dije en mi última carta, a la niña Jackie le va bien en el primer grado y le gusta la escuela. Te manda besitos y abrazos".

En la Nochebuena, empecé a escribir la verión final de mi ensayo sobre la representación de Emiliano Zapata en las novelas de la Revolución Mexicana. Admiraba el esfuerzo y sacrificio de este héroe revolucionario para emancipar a los campesinos y a los indígenas en el sur de México y sacarlos de la pobreza. Cuando terminé, miré por la ventana. Unos copos de nieve reposaban en la ventana como maripositas blancas y resbalaban libremente por la superficie reluciente.

Pasé la mañana de Navidad arropado, con la frente en las rodillas, pensando en todas las Navidades que habían terminado en decepción para mí y mis hermanos porque nuestros padres eran demasiado pobres para comprarnos los regalos que queríamos —y en los peores tiempos, no había ni un solo regalo—. Fui a misa y me cubrí en oraciones y recuerdos de cuando mi familia y yo estábamos todos juntos. Ese era el regalo que ahora más extrañaba y más añoraba.

Altibajos

En la segunda semana de enero, durante los exámenes finales, les entregué personalmente a mis profesores los ensayos de investigación. Adjunté a cada uno una tarjeta postal con mi dirección para que pudieran apuntar mi calificación en ella y enviármela de regreso. Esta era la manera más rápida de recibir las calificaciones. El lunes, a las diez de la mañana, bajé con apuro para ver mi correo. Nada. El martes, miércoles y jueves me trajeron los mismos resultados decepcionantes. El viernes por la mañana esperaba de nuevo con ansias en el vestíbulo cuando el correo por fin llegó. Metí la llave nerviosamente y abrí el buzón. Ahí estaban. Hojeé rápidamente las tarjetas postales para ver mis calificaciones. Saqué A en casi todas mis clases, pero la excepción fue la B+ que recibí en la clase de *Don Quijote*. Escuché la voz de mi padre en mi mente como un relámpago: "Vale la pena trabajar duro". Me dieron ganas de llamarle, pero él, como mi madre, no tenía teléfono, y aunque lo tuviera, era muy cara la llamada. Entonces subí las escaleras, saltando dos escalones a la vez, y le toqué la puerta a Phillip para avisarle. No estaba. Le escribí una notita para pedirle que me viera de inmediato y se la dejé debajo de su puerta. Regresé a mi cuarto, le agradecí a la Virgen de Guadalupe y me acosté en la cama escuchando música pop en la radio. Poco a poquito me empecé a relajar, y sentí una sensación de alivio que no había sentido por mucho tiempo. Horas después, me asustó un golpe fuerte en la puerta. Salté de la cama y abrí la puerta. Era Phillip.

—¿Qué te pasa? —me preguntó, con mi notita en la mano. Se veía preocupado.

—¡Mira esto! —le dije, mostrándole mis calificaciones.

—¡Qué bien! —dijo él—. Hay que celebrar.

—Eso es lo que quería escuchar.

Miré hacia afuera. Estaba nevando intensamente. Nos abrigamos y nos fuimos a West End Bar and Grill, un lugar popular entre los estudiantes de Columbia que estaba en Broadway, entre las calles 113 y 114. El bar estaba tenuemente iluminado y tenía paneles de madera que eran de color marrón oscuro. Había reservados en ambas orillas del largo bar, el cual estaba repleto de botellas de licor medio llenas y cubiertas de etiquetas multicolor. Como era un historiador que nunca perdía la oportunidad de presumir su conocimiento, Phillip me explicó que el bar había sido un centro de reunión para muchos escritores de la Generación Beat, incluyendo a Allen Ginsberg, Jack Kerouac y Lucien Carr. Yo solamente había escuchado de Allen Ginsberg. Phillip fue al bar y regresó con una jarra grande de cerveza y dos vasos.

—Brindemos por un final exitoso al semestre de otoño

—dijo, al llenar los vasos grandes hasta el tope. Levantó el suyo, se paró y añadió: —y por tus calificaciones.

—Gracias, Phillip. Y por nuestra amistad —añadí.

Tomamos y hablamos de política y del número creciente de tropas en Vietnam. En cuanto se vació la jarra, sentí un calor invadir mi cuerpo, y cuando salí al baño, sentía los pies livianitos. Me eché agua fría en el rostro y me miré en el espejo. Sentí escalofríos cuando recordé la voz de mi padre que me advertía que no tomara. No mantenía bien el equilibrio al regresar y me senté lentamente en el asiento rojo de vinilo. Phillip pidió otra jarra y volvió a llenar nuestros jarros.

—Por la amistad y el amor —dijo, arrastrando las palabras. Levantó su jarro y chocó el mío torpemente. Mi jarro se cayó y se derramó la cerveza. Nos reímos y los dos a la vez estiramos los brazos para agarrar servilletas del servilletero cromado y secamos la mesa.

—Eres un buen amigo, Phillip. —Me empecé a poner triste al recordar que él tendría que regresar a Stanford al final del semestre para terminar el doctorado. Era difícil hacer amigos en Columbia. Los estudiantes graduados del Departamento de Español vivían fuera del campus, y los que vivían en John Jay Hall no socializaban mucho.

—¿Por qué esa cara? —me preguntó.

—Estaba pensando en lo difícil que es encontrar y mantener buenos amigos.

Le conté acerca de los pocos amigos que tenía en los

campamentos de migrantes y en la escuela durante la época
en que mi familia siempre se mudaba para seguir las cosechas
y de como yo por eso dejaba a los amigos o ellos me dejaban
a mí cuando sus familias tenían que mudarse también. Cada
vez que eso pasaba, sentía dolor.

Phillip me llenó el jarro vacío y me dijo:

—Es peor encontrar y mantener el amor, ¿no lo crees? O
sea, una amistad por definición tiene que ser recíproca, pero
el amor no. Puedes amar a alguien, pero esa persona no te
tiene que corresponder necesariamente.

—Tienes razón —le dije. Le conté acerca de la relación
que tuve con Laura. Me sentía confiado al contarle acerca de
ella.

—¿La amas todavía? —me preguntó.

—Sí, a pesar de que ella terminó la relación, y no nos
hemos comunicado en meses. No pasa ni un día sin que
piense en ella.

—Se dice que el amor crece con la distancia.

—En mi caso, la distancia me ha causado gran dolor.
—Fingí una sonrisa. Se rió y tomó un trago.

—¿Y tú —le pregunté—, ¿tienes una novia?

Tragó saliva, se retorció ansiosamente y se disculpó para
ir al baño. Supe que le había tocado la fibra y me pregunté
por qué sería. Cuando regresó, parecía nervioso y agitado.
Tenía ganas de repetirle la pregunta, pero al ver lo incómodo
que se puso, decidí no hacerlo. Después de un largo silencio
me gritó:

—Pues... ¿por qué no le hablas a Laura para decirle que la amas?

Su tono irritable me sorprendió. Al ver mi rostro, suavizó su tono e insistió en que le hablara. Aunque por dentro me moría por llamarle, sacudí la cabeza y le dije:

—¿Y si se niega a hablar conmigo?

—¿Y si no se niega? Llámala para averiguarlo.

Mis sentimientos no me dejaban discutir con su lógica. Busqué la fuerza en el fondo de mi alma, y después de un largo silencio, por fin dije:

—Está bien. Lo haré.

—¡Perfecto! Ahora que este asunto está resuelto, hay que regresarnos.

Miré el reloj. Eran las dos de la madrugada.

—Son las once en California. Ya es muy tarde para llamar —le dije. Los dos nos reímos.

Antes de irme del bar, cambié dos dólares por monedas de veinticinco centavos para poder hacer la llamada.

Batallamos con la nieve al regresar a John Jay Hall. Phillip tomó el ascensor hasta su cuarto, y yo me quedé atrás para llamar a Laura desde una de las varias cabinas telefónicas que había en la residencia Hartley Hall, que estaba adyacente a John Jay Hall. Sabía que Laura era asistente a las residencias en Las Villas, un complejo de condominios para mujeres que estaban en su último año en la Universidad de Santa Clara. (Había anotado la dirección de su última carta y la guardé en mi cartera). Me senté en la cabina, cerré la puerta corrediza de vidrio, coloqué ocho monedas en la repisa metálica y llamé a la operadora para obtener información. Me dio el número de Las Villas y me avisó que la llamada me costaría un dólar y veinticinco centavos por los primeros tres minutos. Ansioso, metí cinco monedas en la ranura y esperé a que sonara el teléfono. Sonó el teléfono varias veces hasta que por fin contestó una muchacha. Le di mi nombre y pedí hablar con Laura Facchini.

—Voy a averiguar si está —me dijo.

Mi corazón se agitaba con cada segundo que pasaba. Me temblaban las manos. Sentía calores y escalofríos. Miré el reflejo de mi rostro en la puerta de vidrio. "Este no era yo", pensé. "Esto no puede estar ocurriendo". Estaba a punto de colgar cuando escuché la tierna voz de Laura.

—Hola. Qué bonita sorpresa saber de ti.

Sentí un gran alivio. Respiré profundo y le expliqué la razón de mi llamada. Mis palabras se tropezaban una con otra cuando le informé acerca de las calificaciones que había recibido en mis clases. Cuando por fin me detuve a recuperar mi aliento, ella me dijo:

—Felicidades. Sabía que lo lograrías. ¿Cómo has estado?

De inmediato le conté acerca de mi primera vez en el metro. Se rió y volvió a preguntarme.

—¿Cómo estás?

—Yo estoy bien —le dije con poco entusiasmo.

Le quería contar acerca de lo solo que me sentía y cuánto la extrañaba, pero no le podía decir la verdad. No deseaba preocuparla ni alarmarla y así ponerle un fin a la posibilidad de reestablecer nuestra relación. La operadora telefónica interrumpió nuestra conversación para decirme que me restaban quince segundos y si quería continuar, tenía que depositar cinco monedas más para los siguientes tres minutos. Metí las tres monedas que me quedaban, apresuradamente le agradecí a la operadora, y le pregunté a Laura si nos podríamos mantener en contacto. Cuando me dijo que sí, me sorprendió y me alegró.

—Te escribo mañana —le dije.

Se desconectó la llamada. Recargué la cabeza contra la puerta y sostuve el auricular cerca de mi oído por un rato. Luego colgué el teléfono y regresé a mi cuarto. Recordé nuestra conversación y me enojé conmigo mismo por haber presumido tanto mis calificaciones. Sabía que pensar en eso no me iba a dejar dormir. Así que me senté en mi escritorio y le escribí una carta para disculparme por presumir y agradecerle por escucharme. Me metí a la cama, abracé mi almohada y me quedé dormido.

A la mañana siguiente, me levanté con un enorme dolor de cabeza. Me eché agua en la cara y me tomé dos aspirinas. Me senté al borde de la cama y vi una carta en el piso, cerca de la puerta. La abrí y miré la firma. Era de Phillip.

"Francisco, espero que tú y Laura se hayan podido reconectar por medio del teléfono anoche. Eres muy afortunado de sentirte así de ella, lo cual me lleva al propósito de esta carta: perdóname por no contestarte anoche en el bar cuando me preguntaste si tenía novia. Aunque se me haga difícil, te tengo que responder, como seguro notaste mi inquietud cuando me hiciste la pregunta. Lo cierto es que las mujeres nunca me han atraído. Sin embargo, hay alguien especial que me espera en casa. Como ya sabes, esta tarde tomaré el tren de regreso a Vicksburg, Michigan, para pasar el resto de las vacaciones con mi familia antes de regresar a Stanford. Te deseo todo lo mejor. Con cariño, Phillip".

Me vestí rápidamente y fui al otro lado del pasillo para tocarle la puerta. Se sorprendió al verme. Con la carta en mano, le dije:

—Gracias por confiar en mí, Phillip. Eres un verdadero amigo.

—Perdóname por no haberte dicho antes —dijo él, avergonzándose y desviando la mirada.

Al sentirme incómodo, me di cuenta de que también se sentía igual y le dije:

—Vamos a almorzar juntos, y luego te acompaño a la estación de tren.

—Me encantaría eso, gracias.

Como ya había enviado sus pertenencias y libros por adelantado, tomó su mochila y nos fuimos al West End.

Mientras almorzábamos, hablamos de mi conversación telefónica con Laura y acerca de nuestros planes para el futuro. Su sueño era enseñar la historia europea en la Universidad de Michigan para poder estar cerca de su familia.

—¿Y tú? —me preguntó.

—Yo también quiero enseñar en la universidad, quizás en la Universidad de Santa Clara, mi *alma mater*.

—Parece que los dos queremos regresar a casa.

Seguimos hablando, y entre cada tema hubo largos periodos de silencio. Tuve la sensación de que esperaba que le hablara acerca de su carta, y lo hice. —Hablando de casa, me gustaría conocer a tu amigo algún día —le dije.

Se le levantó el ánimo, sonrió y me dijo:

—A mí también me gustaría que lo conocieras. —Y con un brillo en los ojos, añadió—: Tal vez algún día me presentes a Laura.

—Si Dios quiere —le contesté.

Tomamos el metro de la Calle 116 a la Estación Pennsylvania en el centro de la ciudad. Antes de que abordara el tren, nos dimos un abrazo y nos despedimos. Sin prestar atención al ruido y a las multitudes, me quedé solo en el andén sucio y me despedí con la mano hasta que partió el tren.

Harlem al lado

Después de la mala experiencia que tuve con él al comienzo del año académico, no tenía ninguna gana de reunirme con el jefe del Departamento de Español al principio del segundo semestre. Pero no tenía opción. Tenía que recibir el consejo y aprobación del profesor Shearer para las materias que quería tomar.

Me obligué a ir a su oficina en Philosophy Hall y toqué la puerta tímidamente.

—Entra —dijo. El sonido de su voz áspera me dio escalofríos. Abrí la puerta lentamente y asomé la cabeza. Estaba sentado en su escritorio leyendo el periódico y fumando de una pipa.

—Siéntate. Déjame ver lo que tienes —dijo, al bajar el periódico y extender la mano para agarrar el formulario donde yo había apuntado las materias que quería tomar, incluyendo el Ensayo Hispanoamericano con el profesor Iduarte, Literatura Hispanoamericana desde el Modernismo con el profesor Eugenio Florit, y Civilización Latinoamericana con el profesor Herbert S. Klein del Departamento de Historia.

—Estas materias están bien —dijo—, pero deberías considerar el curso sobre Federico García Lorca. —Luego me dijo que el hermano de Lorca, Francisco García Lorca, lo iba a enseñar —la primera y la única vez que lo enseñaría— e iba a ser el último curso de su carrera como profesor. Ya había tomado la clase de *Don Quijote* con él el primer semestre. Me inscribí en la clase de García Lorca porque tomé el consejo del profesor Shearer como una orden. Me alegré de haberlo hecho.

La clase se daba en el segundo piso de Hamilton Hall los miércoles de tres a cinco. El salón era pequeño, con dos entradas, veinticinco pupitres desgastados y atornillados al piso, y una mesa de madera oscura de cuatro patas con una silla en una plataforma reservada para el profesor. En un instante se llenó el cuarto de estudiantes que aplaudieron cuando entró Francisco García Lorca por la puerta trasera. Les sonrió y saludó a algunos de ellos por nombre mientras se dirigía al frente, cargando un libro grueso. Lo puso en la mesa, sacó la silla, y se sentó. Su figura delgada, ojos oscuros y brillosos y cabello grueso, medio negro canoso, ocultaba su edad. Sentí mi confianza desvanecer mientras los estudiantes se presentaban uno por uno. Muchos de ellos estaban muy avanzados en sus estudios de doctorado en Columbia y enseñaban en las universidades locales. Algunos eran refugiados políticos de Cuba que se habían doctorado en la Universidad de la Habana, pero sus títulos no eran válidos en Estados Unidos. Yo era el más joven de la clase y el que tenía menos experiencia profesional, lo que era irónico porque en toda la primaria, la secundaria y la universidad yo era el mayor de mis clases, pues había tenido que repetir primer grado por no saber bien el inglés.

El profesor García Lorca nos informó que esta era su última clase.

—Pienso disfrutarla al máximo —dijo alegremente—. Voy a hablar acerca de mi hermano y sus obras, las que están contenidas en este volumen.

Tomó el libro con encuadernación de cuero del escritorio, nos lo enseñó con orgullo y nos sugirió que consiguiéramos un ejemplar de la biblioteca o que compráramos uno de la Librería Américas en Manhattan. Parecía estar más relajado y abierto que cuando enseñó el curso sobre *Don Quijote*. Su mandíbula no estaba tan tensa, y no apretaba los dientes tan seguido entre oraciones. Pasó la primera clase hablando sobre su hermano y su familia para dar contexto a las obras de Federico García Lorca.

Federico García Lorca nació en 1898 en Fuente Vaqueros, un pueblito al oeste de Granada, en el sur de España. Según el profesor Francisco García Lorca, a su hermano le interesaba más escribir que estudiar.

—Federico no era buen estudiante —nos dijo sonriendo—. Faltaba a clase con frecuencia y estaba más feliz cuando escribía, cantaba, y recitaba sus poemas.

Cuando nos mencionó que Federico había pasado un año estudiando inglés en la Facultad de Estudios Generales en la Universidad de Columbia al principio de la Gran Depresión en 1929, escuché con gran interés, y aún más cuando nos dijo que Federico vivió en John Jay Hall. El profesor Lorca después nos leyó lo que su hermano había escrito sobre su dormitorio:

"Mi habitación en John Jay Hall es maravillosa. Está en el duodécimo piso y puedo ver todos los edificios de la universidad, el Río Hudson, y una vista lejana de los rascacielos blancos y rosados. A la derecha, a lo largo del horizonte, hay un puente grande bajo construcción de una increíble elegancia y fortaleza".

Me sonreí, pensando en mi cuarto feo en el octavo piso de ese mismo dormitorio. Al final de la clase, el profesor nos informó que en lugar de un examen final tendríamos que escribir un ensayo de investigación sobre cualquier aspecto de las obras de su hermano.

Inmediatamente después de clase corrí a la Biblioteca Butler para tomar prestadas las obras de Lorca. Llegué demasiado tarde; alguien ya las había sacado.

A la mañana siguiente, tomé el metro al centro y compré un ejemplar de las obras completas de Federico García Lorca en un volumen en la Librería Américas. Aunque era de segunda mano, era caro y el único que quedaba. La maravillosa edición fue publicada en España y tenía un prólogo de Jorge

Guillén, un poeta español muy conocido y un miembro de la Generación del 27, el mismo grupo de escritores talentosos al que pertenecía Lorca.

Al regresar en el metro, hojeé el índice del libro de dos mil páginas. *Poeta en Nueva York*, en la página 471, me llamó la atención. Rompí un pedazo del periódico que habían dejado en un asiento vacío y marqué la página. Al salir de la estación de metro llena de gente y ruidosa, me dirigí directo a la Biblioteca Butler para empezar a leer *Poeta en Nueva York*. Aprendí que Lorca lo había escrito durante sus estudios en Columbia de 1929 a 1930 y que esta obra era considerada una de las colecciones más importantes de su poesía. Hojeé las páginas, y noté que estaba dividida en diez secciones con números romanos, y me intrigué cuando leí el título de la Sección I: "Poemas de la soledad en la Columbia University". Mi entusiasmo pronto se convirtió en frustración. Era un desafío entender los poemas aún después de leerlos varias veces cuidadosa y meticulosamente. Muchas de las imágenes eran extrañas: "Asesinando por el cielo... dejaré crecer mis cabellos"; "Animalitos de cabeza rota"; "mariposa ahogada en el tintero". Aunque sabía que su poesía se clasificaba como surrealista, me preocupaba que fuera por mi propia falta de habilidad que no la entendía.

El siguiente miércoles fui a clase con la esperanza de que el profesor Lorca nos explicara los poemas. Sus explicaciones eran útiles, pero hasta él mismo confesó que se le dificultaba interpretar algunas de las líneas y nos informó que los críticos literarios no siempre coincidían en el significado de la mayoría de ellos.

—Creo que ni Federico sabía lo que quería decir —dijo con una sonrisa—. Honestamente, si tienen dificultades con ciertos pasajes del texto, es mejor no enfocarse en el significado exacto. Concéntrense en las imágenes y el poder emotivo.

Después de muchas lecturas y relecturas y discusiones en clase, comprendí *Poeta en Nueva York*. Federico García Lorca se sentía solo en Columbia y desconectado de la ciudad, un sentimiento con el que yo podía relacionarme. Me atrajo su poema largo, "Oda al rey de Harlem", en donde explora la alienación y aislamiento de los afroamericanos que vivían en Harlem y que fueron sometidos al racismo y discriminación. Después leí una entrevista con Lorca en 1933 en donde habla sobre los afroamericanos en los Estados Unidos:

"Es indudable que ellos ejercen enorme influencia en Norteamérica... son lo más espiritual y lo más delicado de aquel mundo. Porque creen, porque esperan, porque cantan y porque tienen una exquisita fe religiosa..."

Antes de llegar a Nueva York, yo no conocía a muchos afroamericanos. En mi escuela secundaria, sólo había dos en mi clase de 380 estudiantes, y en la universidad sólo algunos en mi clase de 579. Los recordaba bien, pero el más memorable era Aldo Nelson, a quien conocí después de mi segundo año en la universidad. Era un supervisor joven que trabajaba para la Compañía de Gas de los Condados del Sur de California. Fui contratado por la misma compañía ese mismo verano para limpiar y pintar los medidores de gas por toda la costa central bajo su supervisión.

Una tarde acalorada, Aldo y yo tomamos un descanso en un café en Paso Robles, un pueblo agricultor a unas setenta millas al norte de Santa María. Estacionamos la camioneta blanca de la compañía en frente, entramos al café, y nos sentamos en el mostrador uno al lado del otro. La mesera nos pasó varias veces, mirando para el otro lado. Después de una larga espera, Aldo se paró y dijo:

—Vente, vámonos.

—¿Por qué? —le pregunté.

—Después te digo —dijo, claramente molesto.

Lo seguí, sintiéndome confundido. Cuando nos subimos a la camioneta, le pregunté por qué tuvimos que irnos con tanta prisa. No me respondió. Después de manejar varias millas hacia Santa María, rompió el silencio.

—¿No notaste que la mesera no quería servirnos?

—¿A qué te refieres? —Yo seguía confundido.

—¡Era obvio! Les sirvió a los clientes que llegaron después de nosotros. Nos ignoró. ¿Por qué? Porque soy negro. ¡Es una racista! —dijo, enojado.

Me sentí tonto y avergonzado porque no me había dado cuenta.

—¡Regresemos a levantar una queja! —dije.

—¿Para qué? ¿Para sufrir más humillación? —Sacudió la cabeza y se aferró al volante con ambas manos.

—Comprendo cómo se siente —le dije, poniendo la mano levemente en su hombro. Le conté de cómo a Roberto y a mí nos habían discriminado algunos padres que nos prohibían salir con sus hijas porque éramos mexicanos.

Me volteó a ver con una mirada triste y dijo:

—Desafortunadamente, la discriminación es peor para nosotros los negros.

Él tenía razón. Yo estaba al tanto de la lucha para terminar con la segregación racial en el sur y la violencia en contra de los afroamericanos y para asegurar sus derechos civiles. Yo apoyaba esa lucha.

Después de recordar este incidente y leer *Poeta en Nueva York* y la entrevista, decidí conocer Harlem con mis propios ojos.

Un domingo nublado y frío por la mañana, me arropé y me dirigí al norte por Broadway rumbo a la Calle 125 y luego giré al este. En la esquina noreste de la Avenida Lenox y la Calle 125, me detuve y contemplé un edificio grande y abandonado que sostenía una valla publicitaria que promovía cigarros Marlboro. La Universidad de Columbia se divisaba a la distancia. Mientras seguía caminando, tenía que evadir basura, aceras quebrantadas o desniveladas y pedazos de cemento esparcidos. Me asombraba la ausencia de verdor y la cantidad de cuadras con edificios derrumbados. Algunas casas estaban entabladas, o tenían las tablas arrancadas, las ventanas estrelladas y puertas quebradas. Me recordaban a la vieja barraca donde mi familia y yo habíamos vivido. Cuando por primera vez nos mudamos allí, también tenía ventanas quebradas y grietas en las paredes.

Me acerqué a una larga fila de personas, viejas y jóvenes, que entraban a un *brownstone* que, para mi sorpresa, resultó ser una iglesia bautista. Estuve afuera y escuché la música góspel desbordándose por la puerta de enfrente; los sonidos angelicales llenaban el aire. Seguí a la próxima cuadra y pasé muchas tiendas y *brownstones* que se utilizaban como templos —bautistas, metodistas, episcopales y católicos romanos—. Vi a una mujer que miraba por la ventana de otro *brownstone* desde el segundo piso, y me pregunté en qué estaría pensando. Varias cuadras después, encontré un desguace lleno de basura y carros abandonados, y unos niños jugando béisbol en la calle, usando una escoba quebrada como bate. La imagen de mis hermanos menores en ropa rasgada cruzó mi mente, y sentí un nudo en la garganta. Al otro lado de la calle vi a una adolescente arrullando un bebé en sus brazos. Caminó con apuro al pasar dos hombres desaliñados que estaban sentados en las escaleras de un edificio abandonado jugando cartas y tomando de botellas ocultadas en bolsas de papel. "Están tomando para olvidarse de sus penas, como los braceros en Tiger Town", pensé. Doblé la esquina y vi al otro lado de la calle una tienda de comestibles con persianas de acero, y cinco adolescentes en frente, bromeando y riéndose. Uno de ellos me vio y gritó:

—¿Qué demonios haces aquí, *white boy*?

Me quedé sorprendido. Otros niños me habían llamado *chile stomper*, *tamale wrapper* y *greaser*, pero nunca *white boy*. Me dio miedo cuando él y los otros cuatro se contonearon hacia mí, y corrí como un gato en llamas. Cuando llegué al final de la calle, miré por el hombro para ver si me seguían. Para mi alivio, no me siguieron. Paré para recuperar el aliento y empecé mi regreso en otra ruta. En el camino a casa, me parecía brotar una licorería en cada esquina.

Mi caminata por Harlem me hizo recordar a mi familia cuando vivíamos en carpas que tenían piso de tierra o en garajes viejos sin electricidad ni tubería interior y buscábamos ropa y comida en los basureros detrás de las tiendas de comestibles. Los afroamericanos en Harlem vivían en una situación similar. Sin embargo, estas condiciones inhumanas no los definían; ni definían a familias como la mía.

Regresé regularmente a Harlem para asistir a misa los domingos en la Iglesia San Carlos Borromeo en la Calle 141 entre las avenidas Siete y Ocho, y cada vez que iba, comprendía más profundamente las opiniones de Lorca con respecto a los afroamericanos y sentía más y más solidaridad con ellos.

Decisiones

Cuando apenas sentía que mi vida era más segura y menos estresante en mi segundo semestre, recibí una carta de la oficina de ayuda financiera de Columbia informándome que sólo me aprobarían la colegiatura de mi solicitud de ayuda financiera para el próximo año. La beca no incluía fondos para mis gastos básicos ni alojamiento. Yo dependía de una subvención para la vivienda no sólo para ayudarme a mí, sino también para ayudar a pagar el alquiler y la comida de mi familia. ¿Qué haría? Afortunadamente, Hans Rosenhaupt, director de la beca de la Fundación Nacional Woodrow Wilson, debió de haber anticipado este problema porque me aconsejó que mandara una solicitud a Stanford. "Stanford tiene más fondos para becas que Columbia", escribió. Esperé ansiosamente la respuesta de Stanford.

El 8 de marzo, Stanford me notificó que me habían aceptado en su división de posgrado para estudiar en el Departamento de Lenguas Europeas Modernas y ofreció pagarme la colegiatura, pero por solo un año. Me entró el pánico, e

inmediatamente le llamé a la oficina de la Fundación Woodrow Wilson y le dejé un mensaje al señor Rosenhaupt, expli-
cándole el problema. Dos días después, me mandó una carta
diciéndome que la fundación complementaría la beca con
dos mil dólares para gastos básicos, ya fuera en Columbia o
Stanford, y me sugirió que aceptara la oferta de Stanford. Escribió: "Otra razón más a favor de Stanford: ya han invertido
en usted, lo cual es una buena señal de su interés, y parece
pronosticar un apoyo en el futuro después del primer año.
Respecto a los méritos relativos de ambos departamentos, no
podría decir".

Me sentí eufórico al oír la buena noticia. Pero ahora tenía
que decidir entre continuar en Columbia o trasladarme a
Stanford. Mi primer instinto fue irme a Stanford. Estaría más
cerca de mi familia y Laura. Por otro lado, a finales de primavera en Columbia completaría mis clases para la maestría, y
en el otoño, empezaría mi tesis de maestría bajo la dirección
de Andrés Iduarte, el especialista en la literatura latinoamericana a quien yo tanto estimaba. Tampoco me gustaba la idea
de mudarme otra vez y tener que empezar de nuevo. Seguí
dándole vueltas al asunto y rezaba por una solución. Le llamé
a Roberto y le expliqué mi problema.

—Nos gustaría que fueras a Stanford para que estés cerca
de nosotros, pero tú sabes más sobre estas cosas que yo —dijo
él—. Confía en tus instintos.

Decidí llamarle a Laura por un consejo. También confiaba en sus consejos. Además, fue en parte por ella que recibí la beca Woodrow Wilson y asistí a Columbia.

Cuando la Universidad de Santa Clara me nominó para la Beca Woodrow Wilson durante mi último año de la universidad, me sentí honrado pero convencido de que no tenía posibilidades de recibirla. Cuando le dije a Laura que no estaba seguro si debería solicitarla, que no tenía ninguna posibilidad de recibirla, me dijo:

—¡Claro que la tienes! Si no, ¿entonces por qué te nominaron? Si no mandas la solicitud, seguro que no recibirás la beca.

Así que llené la larga solicitud y la entregué por su apoyo y la confianza que tenía en mí. Para mi sorpresa, me aceptaron en los finales de la región, y después de una extensa entrevista con un panel de tres jueces, me notificó Hans Rosenhaupt que el comité de la selección nacional me había otorgado la Beca Woodrow Wilson.

Laura y yo no nos habíamos hablado desde enero, cuando le había llamado para decirle sobre mis notas en mi primer semestre. Con algo de nervios, le llamé por la tarde de una cabina telefónica pública en la residencia Hartley Hall y esperaba impacientemente para que se conectara. Cuando Laura contestó, su voz dulce y tierna me hizo sentir completamente tranquilo. Mientras le explicaba todos los pros y los contras de mi dilema, ella me interrumpía cortésmente con preguntas y comentarios que me hacían aclarar mis propios pensamientos. Cuando terminé, hubo una larga pausa. Luego me preguntó:

—¿Qué opinas?

Quería decirle que una de las ventajas de asistir a Stanford era que estaría más cerca de ella. Sin embargo, resistí porque pensando en la experiencia de cuando rompió conmigo sabía cuál sería su reacción.

—Si Stanford me garantizara una financiación cada año hasta que completara mi doctorado, yo optaría por asistir allí —respondí.

—Lástima que no lo hizo —dijo, simpatizando conmigo—. Pero en este caso, deberías basar tu decisión en lo que ya tienes en frente de ti. ¿Te tomará más tiempo completarlo en Columbia o en Stanford?

—Probablemente en Stanford... porque para el final de este semestre habré completado dos unidades de residencia en Columbia, y esas unidades no se transfieren.

—Entonces, ¿qué piensas que es lo mejor?

Después de un breve silencio le dije:

—Creo que... es mejor quedarme aquí en Columbia.

—Está bastante claro, ¿no?

—Supongo que sí.

Al final de nuestra breve conversación, le di las gracias por ayudarme a aclarar este asunto.

Unos días después de haber informado a Hans Rosenhaupt de mi decisión y mis razones, me escribió: "Después de examinar todas las ventajas y desventajas, finalmente he concluido que sí te convendría continuar en la Universidad de Columbia".

Justo después de leer su respuesta, le mandé una carta a Laura.

"He recibido la carta de aprobación de la Fundación Woodrow Wilson. ¡Ya no hay más presión...! Y después de colgar el teléfono el otro día, pensé en las tantísimas cosas que quería contarte, no de mucha significancia, sólo cositas que me gustan compartir contigo".

Mi conexión con Laura me dio un sentido de confianza en mí mismo y un alivio de mi soledad. Me sentía ansioso por establecer un vínculo más fuerte con ella, así que con el paso del tiempo, mis cartas y llamadas eran cada vez más personales e íntimas. Pero Laura me paró los pies. En una de sus cartas me escribió: "No apresures nuestra relación. Déjala crecer por sí sola y disfruta de su belleza". Sabía que tenía razón, pero mi corazón era impaciente.

A finales de mayo, Laura me envió su foto de graduación y una larga carta con sus planes para el próximo año. Ella iba a asistir a la Universidad Estatal de San José, comenzando en el verano, para obtener una acreditación de maestra de español en la escuela secundaria. También mencionó que había recibido una mención honorífica por la Medalla Saint Clare, el más alto reconocimiento que la Universidad de Santa Clara le puede otorgar a una alumna. No me sorprendió. Laura se esforzaba en todo lo que hacía y lo hacía bien.

A pesar de haber completado exitosamente mi primer

año de la escuela de postgrado, sentí que necesitaba tiempo libre durante el verano para estudiar y leer en preparación para los exámenes escritos y orales requeridos para la maestría en humanidades. Pero también necesitaba trabajar a tiempo completo para ayudar a mi familia, como lo había hecho todos los veranos durante la escuela secundaria y la universidad. Mandé una solicitud a la Fundación Ford para una beca de verano de quinientos dólares para poder ir a casa, estudiar y trabajar a tiempo parcial. Recibí los fondos y ahora tenía que buscar empleo a tiempo parcial. Le escribí a la compañía de gas en Santa María, con la que había trabajado los tres veranos anteriores, y me rechazaron. No contrataban a tiempo parcial. Después me comuniqué con la señora Marian Hancock, una mujer elegante, fina y generosa que me había contratado durante las vacaciones de Navidad en mi segundo año de la Universidad. Me encargaba de entregar regalos a sus amigos que vivían en Santa María y en la Base Aérea Vandenberg, cerca de Lompoc. Ella me había dado un reloj de pulsera redondo y dorado para mi graduación. Me respondió en menos de una semana, dándome la buena noticia que sus amigos Tollie y Marie Golmon habían ofrecido contratarme a tiempo parcial para trabajar en su pequeña imprenta familiar, el Paramount Printing Company, en San José, California. Acepté el trabajo.

Aunque no pude estar con mi familia en Santa María ese verano, estaba contento de vivir cerca de Laura, quien iba a

clases de verano en La Universidad Estatal de San José y trabajaba a tiempo parcial en la oficina de High Continental, una
compañía de servicio alimentarios en la Universidad de Santa
Clara. "Todo pasa por algo", pensé.

Laura y su amiga compartían un apartamento en el segundo piso por la Calle 8 Sur en San José. Con la ayuda de
los Golmon, encontré y alquilé un apartamento de una habitación con una cocina detrás de una antigua casa victoriana
en el sur de la Calle 3 que estaba a sólo cinco cuadras del
apartamento de Laura y a pocas cuadras de la biblioteca de la
Universidad Estatal de San José, donde yo iba todas las tardes
después del trabajo.

Disfrutaba trabajar cinco días a la semana para los Golmon en la Paramount Printing Company, desde las ocho de la
mañana hasta las dos de la tarde. Contestaba llamadas telefónicas y surtía pedidos de toda el área de la bahía.

Marie Golmon era bajita y rellenita, y tenía alrededor de
sesenta años. Tenía una cara redonda angelical, piel pálida, labios delgados, ojos cafecitos y pelo corto y pintado de negro.
En cambio, Tollie Golmon era alto y delgado, y tenía casi setenta años. Tenía una sonrisa pícara, piel bronceada por el sol,
ojos azules y pelo gris. Su cuerpo me recordaba a *Don Quijote*.
Marie y yo trabajábamos uno al lado del otro en la oficina de
enfrente, y Tollie trabajaba en taller detrás de la oficina, super-
visando un equipo de tres impresores. Cuando el trabajo era
lento en la oficina de enfrente, Tollie me llevaba al taller y me

explicaba en detalle cómo funcionaba la imprenta. "Te voy a enseñar los secretos de la impresión", me decía. Toda la gente que trabajaba para él, incluyéndome a mí, se sentía como un miembro de la familia.

En las tardes, después de trabajar, Laura y yo nos dábamos una vuelta por el campus de La Universidad Estatal de San José y el parque cercano. Conversábamos de nuestras familias, nuestros estudios, y del trabajo, y parecía que con cada paso que dábamos me acercaba más y más a ella. Un día hasta le confesé que sus razones para terminar nuestra relación me dolieron, pero me hicieron quererla aún más.

—Me alegro de que me hayas dicho —dijo ella—. Tenemos que ser honestos y ayudarnos a crecer. Nuestra ruptura me dolió a mí también.

A finales del verano, sabía con todo el corazón que quería casarme con ella.

Antes de pedirle a Laura que se casara conmigo, tomé un autobús a casa ese fin de semana para decirles a mi madre y a Roberto y Darlene cómo me sentía. Este era el tercer fin de semana que había visitado a mi familia ese verano. No se sorprendieron cuando les dije. Habían conocido a Laura en mi graduación de la universidad y sabían que ella y yo habíamos sido buenos amigos por dos años antes de empezar a salir y que habíamos estado saliendo juntos todo el verano.

—Ya me lo esperaba —dijo Roberto, con alegría en sus ojos.

—Es una muchacha encantadora y lista —dijo Darlene, con una sonrisa de agrado.

—Ella es linda y muy buena gente, mijo. Merecen casarse —dijo mi madre.

—¿Cuándo piensan casarse? —preguntó Roberto.

—Pensaba que el próximo verano, pero... No estoy seguro de que pueda pagar los gastos. ¿Crees que debería esperar?

—Si te esperas hasta que tengas con qué pagar, nunca te vas a casar —dijo Roberto—. Mira el caso de Darlene y yo. Nos casamos y ninguno de nosotros tenía dinero. Su familia era igual de pobre que la nuestra. Pero trabajamos duro y lo logramos. Nos amamos y nos respetamos el uno al otro y tenemos dos niñas hermosas... La familia... esto es lo que importa, la familia. Así que comprométete de una vez y cásate el próximo verano. Todo saldrá bien, confía en mí.

—¿Y qué piensa usted, mamá? —pregunté—. ¿Está de acuerdo? No voy a poder apoyarla con mucho.

—Ay, mijo —dijo mi madre—, todo se puede con la ayuda de Dios. Mira, Trampita y Torito ya están trabajando. ¡Así que *don't worry about us!*

Mi madre solía mezclar el inglés y el español al igual que mis hermanitos.

Trampita trabajaba como conserje en la Iglesia Católica de Santa María y asistía a Hancock College a tiempo parcial por la noche; Torito, que estaba en su último año de la escuela secundaria, trabajaba a tiempo parcial como conserje para el distrito escolar de Santa María. Y Rorra, que estaba en su primer año de la escuela secundaria, y Rubén, en séptimo grado, ayudaban a mi madre a pizcar fresas los fines de semana en temporada de cosecha, de abril hasta el final de septiembre.

—Gracias, mamá —dije.

Sabía que Roberto y mi madre tenían razón. Cuando les di las gracias y les dije adiós a ellos y a mis hermanos menores, fue una despedida muy emocional, como siempre. No los volvería a ver hasta el final del próximo año escolar. Apenas tenía dinero para volar de regreso a la universidad, pero no para regresar a casa en Navidad. Tendría que pasar otra Navidad lejos de mi familia.

En mi último día de trabajo, Marie y Tollie me hicieron una fiesta sorpresa de despedida. Esa también fue una despedida emocional. Les dije lo mucho que disfrutaba y apreciaba trabajar para ellos.

—Eres como el hijo que nunca tuvimos —dijo Tollie—. ¡Y eso que tenemos dos hijas! Me sentí conmovido, y les prometí mantenerme en contacto.

Esa noche, pasé por el apartamento de Laura para cenar. Me había invitado la noche anterior durante nuestra larga caminata. Decidí que esta era mi oportunidad de pedirle la mano. Ella me esperaba en la cima de las escaleras; se veía radiante. Su compañera de cuarto había salido con amigos esa tarde. Me sentía tenso, pero después de que comimos y nos tomamos una copa de vino, me sentí más relajado. Aferrando mis piernas a la silla, le dije:

—¿Qué tal el próximo verano? —Por mis nervios, no me salió. Lo que en realidad quise decir fue "¿Qué tal si nos casamos el próximo verano?".

—¿Qué del próximo verano? —me preguntó, con una mirada perpleja.

—Quise decir... ¿Crees que podríamos pasar el resto de nuestras vidas juntos?

Sus grandes ojos cafés me miraron sorprendidos.

—¿Me estás proponiendo matrimonio?

—Sí, supongo que sí.

—¿Supones?

Solía decir "supongo que..." para empezar o para terminar una oración cuando me hacían preguntas, especialmente cuando me sentía nervioso. Hasta un sacerdote jesuita, el padre O'Neill, me había dicho que evitara su uso porque comunicaba inseguridad y una falta de confianza en mí mismo.

Aclaré la voz y dije:

—Estoy muy seguro.

Sus ojos se lagrimaron y sonrió. Pensó por un minuto y dijo:

—Nos conocemos desde hace ya cuatro años, y siento que nos conocemos muy bien. Compartimos muchos de los mismos intereses y disfrutamos de pasar tiempo juntos, conversar y escucharnos.

—Sí —dije—. Tenemos las mismas creencias religiosas y los mismos valores...

—Y muchas, muchas cosas en común —dijo ella—. Tenemos gustos sencillos. Nos respetamos y nos confiamos. Nos gustan los niños...

—¿Me estás diciendo que sí? —le pregunté, sintiéndome ansioso.

—Claro que sí —dijo ella—. Nuestra larga amistad se ha convertido en una relación amorosa. Extendió su mano derecha y la puso sobre la mía. Nos paramos, dejamos la mesa y nos abrazamos y nos besamos. Luego, empezamos a pensar en posibles fechas para nuestra boda y quedamos en el 17 de agosto. Fue una tarde de alegría, gratitud y júbilo de que nunca me olvidaría.

Ese fin de semana, Laura y yo fuimos a la casa de sus padres en San Carlos para contarles de nuestra decisión de casarnos. Yo los había conocido durante mi último año en la universidad cuando visitaron a Laura, pero nunca había estado en su casa.

El padre de Laura, Oreste, era un vendedor de vino para Almaden Vineyards, y su madrastra, Wanda, manejaba una licorería. La madre de Laura, Gemma, había muerto a los treinta y dos años de esclerosis múltiple cuando Laura tenía nueve años y su hermana, Lynn, siete. El primer marido de Wanda había muerto de cáncer de colon, lo cual la dejó con dos niños chiquitos, Marsha y Bradley. Oreste y Wanda se casaron y formaron una nueva familia de seis. Laura y Lynn consideraban a Wanda como su madre.

Wanda, una mujer con estilo y elegancia, abrió la puerta y nos invitó a que pasáramos. Oreste estaba sentado en un sillón en la sala, leyendo el periódico con los pies cruzados. Su pelo grueso y canoso peinado hacia atrás lo hacía verse mayor de los cincuenta y pico años que tenía. Me saludó, sonrió y me pidió que tomara asiento en el sofá ancho frente a él. Sentía el corazón latir con fuerza. Laura acompañó a Wanda a la cocina para hacer café. Oreste continuó leyendo el periódico. Reuní todo el valor que tenía y rompí el largo silencio.

—Señor Facchini...

—Diga —dijo, dándole vuelta a la página del periódico y mirando sobre ella para verme.

—Quería... Quería pedirle la mano de Laura. —Sentí la boca seca. Me limpié las manos sudorosas en el costado de los pantalones, le eché un vistazo a las decoraciones en la mesita, y volteé a verlo.

—Bueno, pues esto sí que me ha tomado por sorpresa —respondió, doblando el periódico a la mitad y poniéndolo en su regazo. Sus grandes ojos color avellana eran intensos y penetrantes.

—Quiero decir, este próximo verano —añadí rápidamente, pensando que esto le haría más fácil decir que sí.

—¿Cuánto dinero tienes ahorrado?

Era una pregunta que yo no había anticipado. Rápidamente me puse a calcular: me quedaban doscientos dólares de la beca del verano, Fundación Ford, y más o menos seiscientos dólares ahorrados del trabajo en Paramount Printing Company.

—Supongo que tengo alrededor de ochocientos dólares —dije. Tragó saliva y se me quedó mirando. "¿Acaso pensaba él que yo le estaba siendo irrespetuoso, que le estaba tomando el pelo?", pensé.

—Tendré más dinero ahorrado para el próximo verano —añadí.

Laura y Wanda entraron a la sala, interrumpiendo nuestra conversación. Wanda traía un plato de galletas surtidas y Laura una charola con unas tazas y una cafetera.

—¿No es maravilloso, Orey? —dijo ella—. Laura me acaba de decir las buenas noticias.

Él fingió una sonrisa y miró con una cara de tristeza a Laura, que le servía el café.

—No se tiene que preocupar, papá —dijo ella, con ternura—. Francisco y yo estaremos bien.

—Tienes mi consentimiento —dijo, de mala gana—. Pero no esperes ninguna ayuda de nosotros.

Estaba contento por su aprobación, pero a la vez ofendido.

—Gracias, Sr. Facchini —dije—. No espero nada de ayuda. Tendré mi maestría para cuando nos casemos y conseguiré trabajo como maestro. También tengo una beca que me paga mi colegiatura y los costos de vivienda. "Ni aunque me estuviera muriendo de sed, no le pediría un vaso de agua", pensé.

—Y para entonces terminaría mi acreditación docente en Santa Clara y conseguiré trabajo en Nueva York mientras él termina su doctorado. Y en cuanto termine, nos regresaremos a California —dijo Laura.

—Parece que los dos lo han pensado mucho —dijo Wanda—. Va a ser divertido planear la boda, y ¡vamos a tener todo el año para hacerlo!

—Por desgracia, no va a estar Francisco —dijo Laura—, mirándome con una cara de tristeza. Le tembló la voz.

Se me hizo un nudo en la garganta.

—Pero nos vamos a escribir, y me puedes mantener informado.

El padre de Laura se quedó callado. Tomó el periódico, se despidió, y se fue de la sala.

Laura y yo nos fuimos de su casa felices y aliviados de que sus padres nos habían dado su aprobación, pero me sentía avergonzado de no tener ningún anillo de compromiso para darle. No se lo mencioné, y ella no preguntó. Supuse que sabía que de momento no tenía para comprárselo.

Le llamé a Roberto esa tarde para compartir mi alegría con toda mi familia. Roberto y Darlene estaban emocionados.

—Sé que tú y Laura tendrán un matrimonio feliz —dijo mi hermano—. Nacieron el uno para el otro. Le diré a mamá y al resto de la familia. Sus palabras me hacían sentir mejor y me convencían aún más de que Laura y yo habíamos tomado la decisión correcta.

Cuando me fui a Columbia al final del verano, estaba desconsolado. Dejar a Laura y a mi familia otra vez por otro año era igual de doloroso que arrancarme la uña del dedo. Pasé días con un dolor en el pecho.

Una sorpresa

Tomé un vuelo nocturno en American Airlines de San Francisco a Nueva York para empezar mi segundo año en la escuela de posgrado. Tenía una gripe horrible y un dolor de cabeza punzante. El tener que estar lejos de mi familia y Laura por otro año me pesaba en el corazón. Me tomé dos aspirinas y me dormí, y tuve un sueño que frecuentemente recurría en el cual estaba extremadamente cansado de estar hincado, pizcando fresas junto a Roberto, mi padre y otros trabajadores del campo. Cada vez que intentaba pararme, me caía. Sentía las piernas y los brazos como si fueran de plomo. Suplicaba ayuda, pero nadie me pudo oír. Me despertaron el jalón y el gemido del avión al aterrizar. Eran las 6:15 de la mañana. Volteé a ver por la ventana; el día estaba nublado y gris. Recogí mi maleta, abordé el camión de traslado a la terminal East Side Airlines en la Calle 37, y tomé el metro a Columbia. Me registré en la oficina de alojamiento en Hartley Hall y me asignaron la habitación 817 en John Jay Hall.

Después de recoger mis pertenencias, que había guardado

en el sótano de la residencia por el verano, las cargué al ascensor y luego a mi cuarto. En el pasillo, la gastada alfombra verde había sido reemplazada por una azul oscuro y los restos estaban amontonados en la esquina cerca del ascensor. Recogí un pedazo grande de alfombra para usar como tapete al lado de mi cama, lo que me acordó de cómo mi familia construyó un piso en nuestra carpa cuando vivíamos en Tent City al ir muchas veces al basurero municipal para buscar madera descartada. Mi nuevo cuarto en la residencia era exactamente del mismo tamaño del que yo había habitado el año anterior, excepto que este daba al campus, con una vista del patio principal y la esquina oeste de Hamilton Hall.

Aunque mi cuarto era cómodo, decidí buscar un lugar menos caro para vivir, uno que tuviera instalaciones para cocinar, para así poder comprarle un anillo de compromiso a Laura y ayudar a mi familia con el dinero de la subvención de mi beca. Dentro de la Biblioteca Butler encontré un anuncio en un tablón que promovía una habitación amueblada con privilegios de cocina, a una cuadra de Columbia, por dieciséis dólares a la semana. Desafortunadamente, cuando llegué allí, la pareja de ancianos que eran los dueños del apartamento ya la había alquilado. Me sentí desanimado y dejé de buscar cuando descubrí que había una multa de setenta y cinco dólares por romper el contrato con la oficina de alojamiento de la universidad. Opté por permanecer en John Jay Hall a pesar de que iba a romper las reglas de la residencia. Compré una estufita eléctrica de un solo quemador, un sartén, un abrelatas, cubiertos y un par de platos para poder cocinar y comer tres veces al día en mi cuarto. (El año anterior me había limitado a dos comidas al día: un cereal frío para el desayuno en mi cuarto y una cena en la cafetería de la universidad).

El tercer día, después de acomodarme, compré algunos comestibles y probé mis habilidades como chef. Cerré la puerta y abrí la ventana para ventilar el cuarto. Luego piqué algunas cebollas, las mezclé con carne molida y maíz de lata y cociné la mezcla en un sartén pequeño. Mientras preparaba la comida, con tristeza recordaba cuando mi madre cocinaba verdolagas, usando un comal, en una estufita improvisada hecha con piedras, la primera vez que vivimos en Tent City. Disfrutaba de mi cena cuando escuché un suave golpe a la puerta. Rápidamente recogí mi equipo de cocina, lo escondí en el armario y abrí la puerta. Para mi alivio, era mi vecino de al lado, Steve Winter, a quien conocí el primer día. Era chaparro y flacucho, con pelo oscuro y rizado, ojos cafés y manos delicadas con dedos largos y delgados. Hablaba como si estuviera masticando sus palabras.

—Hola, amigo —dijo—. Huele riquísimo. ¿Qué cocinas?

El olor de mi comida deliciosa obviamente había pasado por el pasillo hasta llegar a su cuarto. Cuando le expliqué lo que hacía y por qué, se compadeció conmigo y me dijo que él también tenía un presupuesto apretado y que había pedido prestado dinero para su maestría en arquitectura en Columbia. Luego me contó que después de graduarse de la Universidad de Sydney con una licenciatura en arquitectura, se fue de su casa y se mudó a Londres, donde compartió un apartamento con su hermana mayor y su cuñado durante un año. Como ambos necesitábamos ahorrar, lo invité a unirse a mi proyecto de comida y le di una probada de lo que había cocinado.

—Este *sloppy joe* sabe bien, pero para la próxima, echémosle salsa de tomate —dijo. Ambos nos reímos y acordamos de compartir la cocina, la limpieza y los gastos por la mitad.

Ahora podría permitirme comprarle a Laura su anillo de compromiso. A la mañana siguiente, fui a la librería de Columbia y le pregunté a un empleado dónde podía encontrar ofertas de anillos de diamantes. Ella sugirió tomar el metro a Canal Street en Lower Manhattan.

—Es el centro de comercio de joyas —dijo.

Canal Street me recordó a Midtown. Estaba llena de joyerías y puestos de vendedores, repleta de turistas que negociaban con vendedores de bolsas, perfumes y relojes brillantes. Yo entraba y salía de varias tiendas, mirando cientos de anillos de diamantes, cada vez más confundido. Muchos de ellos se veían exactamente iguales, pero diferían en precio. En cada tienda, insistían en que yo comprara; ninguno de los empleados parecía honesto. Desanimado y cansado, continué mi búsqueda hasta que encontré C. Scholar Diamond Co., Inc. Cubría dos escaparates en 70-72 Bowery, que se cruzaba con la Calle Canal. El señor Scholar, el propietario, me saludó, y después de que le dije que buscaba un anillo de compromiso, sacó de una vitrina una bandeja de anillos de diamantes que estaban cuidadosamente organizados en hileras, y la colocó en el mostrador. Ajustó su kipá negra de terciopelo y procedió a explicarme que el valor de los diamantes dependía del tamaño, la claridad, el color y el corte.

—¿Cuánto piensas gastar? —preguntó.

—Entre cien a doscientos dólares —le dije.

Sonrió, sacó otra bandeja, eligió un hermoso diamante con una montura sencilla y me lo entregó. "A Laura le encantaría este", pensé.

—Este es el anillo más fino que tenemos en su presupuesto —dijo—. Es un corte fino, de siete décimos de quilate, y vale doscientos treinta y tres dólares, el impuesto incluido. Es realmente una ganga.

—¿Y su claridad? —pregunté, notando que no la había mencionado.

Lo examinó con su lupa.

—Tiene una pequeña oclusión, una imperfección —dijo—, pero no es visible a simple vista.

—¿Puedo verlo? —le pregunté. Él me entregó la lupa y el anillo. Lo inspeccioné con cuidado y pude ver una línea delgada y oscura que atravesaba el diamante.

—Como dije, no se lo puede ver a simple vista —repitió.

Le dije que me interesaba comprarlo, pero que no estaba seguro de que valiera ese precio. Sugirió que lo comprara y que me lo valoraran en M. Simpson, Inc., un tasador de joyas y diamantes en Canal Street.

—Si se valora menos de lo que usted pagó, regrese y le

compensaré la diferencia, o puede devolverlo y le devolveré su dinero. —Compré el anillo y lo llevé a 141 Canal Street, donde M. Simpson, el dueño, lo valoró en 375 dólares. Me dio un certificado oficial de valorización con su firma.

Cuando volví a casa, leí el descargo de responsabilidad en letra pequeña al pie del certificado: "El tasador no incurre en responsabilidad alguna al dar el mismo". Inmediatamente me apuré a una joyería cerca de Columbia para que lo evaluaran de nuevo. El joyero lo valoró en 350 dólares. Sentí alivio. Esa noche le escribí a Laura una breve carta diciéndole que esperara un pequeño paquete en su correo. "Cuando lo recibas, no lo abras hasta que te llame", escribí. A la mañana siguiente, envié la carta y el anillo a la nueva dirección de Laura.

Ella se había mudado a un apartamento de una habitación en 660 Main Street en Santa Clara, cerca de la universidad. Había decidido que era más ventajoso académicamente recibir su credencial de maestra en español de la Universidad de Santa Clara que de La Universidad Estatal de San José. Ella compartió el apartamento con nuestra amiga Trudy McCulloch, quien estudiaba para recibir su credencial de maestra de secundaria en matemáticas.

Cinco días después, con ansiedad, llamé a Laura desde una cabina telefónica en Hartley Hall, con la esperanza de que le hubiera llegado mi carta y el paquete sorpresa. Trudy contestó el teléfono.

—Qué bueno que llamaste —dijo, con su voz baja y ronca—. Laura ha estado con el alma en un hilo desde ayer con ganas de saber qué hay en la caja que le enviaste. Y la verdad, también yo... Aquí te paso a Laura.

—Hola. Qué gusto volver a oír tu voz —dijo Laura—. Te extraño muchísimo.

—Yo también te extraño —dije, sintiendo que se me apretaba la garganta—. Espero que te guste lo que te mandé.

—¡Me muero por saber!

Podía escuchar y sentir su emoción.

—Ábrelo —le respondí, sintiéndome orgulloso de mí mismo.

—Lo estoy abriendo —dijo ella. Hubo un silencio breve—. ¡Oh, cielos! —exclamó—. ¡Está precioso! ¡Qué sorpresa más maravillosa!

—Me alegro de que te guste —dije—. Perdón por no dártelo antes de irme. Tenía que...

—No tienes nada que explicar —dijo, cortésmente—. Lo entiendo... además, valió la pena esperar. —Su tono era dulce y empático.

—Gracias —dije—. Me siento muy feliz.

—Yo también.

Después de colgar, fui a mi cuarto, le di las gracias a la Virgen de Guadalupe, y me acosté. Esa noche dormí tranquilo.

Concentración

Antes de que comenzaran las clases, me alegró recibir una nota del profesor Andrés Iduarte informándome de que él era mi nuevo consejero académico oficial e invitándome a reunirme con él antes de la inscripción para elegir mis clases y discutir el tema de mi tesis de maestría. Lo fui a ver durante sus horas de oficina en el tercer piso de Philosophy Hall. Cuando entré a su oficina, se paró y me pidió que me sentara en la silla de madera que estaba a su lado. Su grande y oscura oficina rectangular tenía una ventana y un gabinete de metal con tres cajones. Le di las gracias por ser mi consejero, y escogimos las clases que debería tomar ese año, incluyendo dos que tomaría con él en el otoño: El Ensayo Hispanoamericano e Investigación Dirigida. Tomó una pluma de su escritorio organizado, firmó mi programa de cursos, me lo entregó, y me dijo:

—Ahora, ¿has pensado en un tema para la tesis?

—Algo relacionado a la literatura latinoamericana, de preferencia mexicana —respondí.

—No me sorprende —dijo—. Pero ambos son campos de

estudio amplios y ricos entre los que escoger; tienes que ser más específico.

—Creo que necesito más tiempo para pensarlo —le dije, después de un rato de silencio.

—Está bien —me dijo—. Escoge un tema que te emocione, algo que te apasione.

Le di las gracias y acepté reunirme con él dentro de poco para finalizar mi decisión.

Tenía numerosas posibilidades entre las cuales podía elegir. Había leído muchas obras de autores mexicanos y latinoamericanos destacados el año anterior y en el verano: Sor Juana Inés de la Cruz, considerada una de los mejores poetas del siglo XVII; Mariano Azuela, Nellie Campobello y Martín Luis Guzmán, escritores mexicanos que escribieron las crónicas de la Revolución Mexicana; Gabriela Mistral, una poeta chilena que recibió el Premio Nobel de Literatura y que había enseñado en Columbia un curso de literatura en español; Miguel Ángel Asturias, un novelista guatemalteco y ganador del Premio Nobel de Literatura; el cuentista Jorge Luis Borges; y otros. En mis lecturas había descubierto mi preferencia por novelas y cuentos que incluían personajes con los que yo me identificaba: campesinos, indígenas y mestizos. Me llamaban la atención las obras literarias que se enfocaban en el tema de la justicia social y que reflejaban las realidades de México y Latinoamérica.

Después de reflexionar, decidí escribir mi tesis acerca del indio en las novelas de Gregorio López y Fuentes. El año anterior había escrito un ensayo acerca de su libro *El indio* para mi clase de la Revolución Mexicana y había encontrado similitudes entre las costumbres indígenas y el estilo de vida de mi familia. Además, había pizcado fresas al lado de algunos braceros en Santa María que eran indígenas de las áreas rurales del sur de México. Recordé que en mi certificado de nacimiento que tuve que obtener después de que nos deportaron a México cuando yo tenía catorce años, me clasificaron como indígena —un término que se usaba en el censo mexicano para reportar la identidad étnica de los individuos—.

Me reuní con el profesor Iduarte por segunda vez y le hablé acerca de mi decisión. Él pensó que el tema era excelente y, para ayudarme con mi investigación, me dio *Los indios de México* por Fernando Benítez y *The Mexican Agrarian Revolution* y *Mexico: The Struggle for Peace and Bread* por Frank Tannenbaum. Me dijo que Benítez era un experto en las culturas indígenas de México y Tannenbaum era un historiador famoso y respetado de la facultad de la Universidad de Columbia que había investigado la educación rural en México por muchos años y que había trabajado como asesor del presidente Lázaro Cárdenas. Antes de salir de su oficina, el profesor Iduarte me pidió que le entregara un esquema de mi tesis antes del fin de semestre.

Empecé a trabajar en el esquema. Les eché un vistazo a las tesis de maestría en la Biblioteca Butler que se enfocaban en los autores latinoamericanos y también peninsulares para tener una idea de lo que se esperaba. Cada una incluía un análisis de la vida y obra del autor dentro de un marco histórico. Las utilicé como modelo para escribir el esquema que luego le entregué al profesor Iduarte. Lo discutimos la semana antes de las vacaciones del Día de Acción de Gracias.

—Está muy bien, Panchito —dijo él.

Los ojos se me lagrimaron. En el tono de su voz escuchaba la de mi padre —extrañaba tanto a él y a mi familia—.

Miró hacia la ventana, y luego me miró directo a los ojos y me dijo:

—Noto que te pones un poco sentimental a veces cuando te llamo Panchito y cuando hablamos de México.

—Es cierto —le dije, disculpándome. Le conté que mi apodo me conectaba con mi familia y mi niñez y que sentía una fuerte conexión con México, aunque mi familia había venido a los Estados Unidos cuando yo tenía cuatro años.

—Es mi tierra natal, mi herencia cultural, pero también me siento americano. —Me había convertido en un ciudadano naturalizado de los Estados Unidos sólo unos años antes.

—Es natural que te sientas ser de dos culturas; eres mexicano y americano —dijo—. ¿Y tus antepasados?

Le conté que mi abuelo paterno, Hilario, era un pequeño granjero que murió en 1910, cuando mi padre sólo tenía meses de edad; que mi abuelo materno, Salvador Hernández, era un arriero que cortaba y vendía leña para ganarse la vida; y que, según mi tía Chana, mis abuelas eran muy religiosas, humildes, honestas y trabajadoras, como mis abuelos.

—Así es nuestro pueblo —dijo, con orgullo. Se paró de su escritorio, tomó un libro del estante y me lo dio—. Aquí tienes *La Evolución política del pueblo mexicano* por Justo Sierra. Es para que lo leas y te quedes con él. Me paré y le di las gracias. Antes de salir de su oficina, me dio un abrazo y me dijo:

—Mano a la obra, Panchito.

Me sentía afortunado y emocionado de tener a Andrés Iduarte como mi consejero y profesor y de lo que yo aprendía.

Mientras leía la historia de México por Justo Sierra y las novelas de Gregorio López y Fuentes, me sentía más disgustado con las injusticias sociales, políticas y económicas que habían sufrido los indígenas desde la conquista española, y estaba más consciente de la necesidad de valorar e incorporar su cultura a la vida e identidad de la nación. El trabajo de López y Fuentes me recordaba a *Las uvas de la ira*, por John Steinbeck, que leí en la escuela secundaria; fue la primera obra literaria con la cual me podía identificar.

Al estudiar para mi maestría, me interesó el tema de la raza en Latinoamérica en el siglo XIX. Como resultado, para la clase de Andrés Iduarte sobre el ensayo hispanoamericano, escribí mi ensayo final acerca de José Martí, un ensayista, poeta, y periodista cubano que dedicó su vida a liberar Cuba de España y a establecer una democracia sin esclavitud. A diferencia de sus contemporáneos, quienes creían que los negros y los indígenas eran inferiores, él creía en la igualdad de razas. Él escribió: "Todo lo que divide a los hombres, todo lo que los especifica, aparta o acorrala es un pecado contra la humanidad". Sus ideas acerca de la raza eran universales y eternas.

José Martí y Gregorio López y Fuentes me influyeron en la manera de pensar sobre la justicia social y mi patrimonio cultural. Respetaba a ellos y a otros autores que usaban su talento literario para combatir las injusticias en la sociedad.

Rebelión interna

En mi segundo año de la escuela de posgrado, todo comenzó a acomodarse. Había salido bien en mis clases, había progresado en mi tesis y esperaba con anticipación mi boda del próximo verano. Pero mi mundo cómodo y tranquilo en Columbia se iba cambiando. Las protestas contra la Guerra de Vietnam en el Sundial, las manifestaciones en contra de reportar las notas y rangos de los estudiantes al centro de reclutamiento por la universidad y las confrontaciones con los reclutadores del ejército dominaban el campus. Se podía sentir la tensión en el aire.

La creciente cantidad de protestas en el campus en contra de la Guerra de Vietnam, una guerra a la cual yo me oponía, me recordaba constantemente de la posibilidad de ser reclutado al ejército. El 16 de febrero de 1968, el Sistema Nacional de Servicio Selectivo eliminó todas las prórrogas para los estudiantes de posgrado con excepción a los que iban a entrar a programas de clerecía, medicina, odontología y otras ciencias de la salud y, por suerte, todos los estudiantes de segundo año en adelante. Pensé que podría evitar el reclutamiento si seguía como un estudiante de tiempo completo. Pero el 19 de febrero de 1968, recibí una carta del centro de reclutamiento que me informó que solamente me habían otorgado una prórroga hasta el octubre de ese año. (Los centros locales de reclutamiento tenían el poder de otorgar prórrogas en base a las necesidades de la comunidad y la necesidad de defensa). A pesar de haber recibido la beca National Defense Foreign Language Fellowship para el año escolar 1968-1969, sentía nervios y ansias al pensar en el reclutamiento de los siguientes años. Era sólo una de dos becas que se le habían otorgado ese año a los estudiantes de posgrado del Departamento de Español en Columbia. Tenía la esperanza de que seguirían extendiendo mi prórroga hasta que terminara la escuela de posgrado.

Si mi padre supiera que yo estaba en contra de la Guerra de Vietnam y que no me inscribí voluntariamente en el ejército, él se habría decepcionado. Su corazón se llenó de orgullo cuando le mostré la foto en donde yo tenía puesto un uniforme del ejército, la cual me tomé cuando estuve obligado a participar en el Cuerpo de Entrenamiento de Oficiales de Reserva (ROTC) por dos años en la universidad. "Estoy orgulloso de ti, mijo", dijo. "Puedes lograr algo en el ejército cuando eres pobre". Era la única foto que se llevó cuando tuvo una crisis nerviosa y dejó a nuestra familia para regresar a México.

Mi apoyo por las demostraciones antibélicas en el campus y en otras universidades aumentó cuando recibí una carta de mi hermano Roberto en la que me informó que mi compañero de la escuela secundaria y amigo Dickie Giovanacci había muerto en Vietnam, y que mi hermano Trampita había sido reclutado al ejército. Ahora mi hermano menor, Juan Manuel "Torito", tendría que hacerse cargo del trabajo de conserje de Trampita para poder apoyar a mi familia. Estaba preocupado por Trampita y sentía tristeza y coraje por los miles de hombres que tenían que pelear en una guerra que cuestionaban. Recé por ellos y por todos en Vietnam: hombres, mujeres y niños.

Además de las protestas contra la guerra y el reclutamiento, muchos de los estudiantes de Columbia se oponían al plan de la universidad para construir un nuevo gimnasio en Morningside Park como proyecto de colaboración con la ciudad. Los residentes de Harlem podrían acceder al edificio por medio de la planta baja —o sea, por una puerta trasera— y la gente de la universidad, que era mayormente blanca, entraría por la puerta superior. *The Columbia Spectator*, el periódico estudiantil, informó que los manifestantes interpretaron al plan como un tipo de segregación y discriminación y por eso pensaban protestar en el sitio de construcción.

El segundo día de la manifestación caminé hacia Morningside Park, que estaba a algunas cuadras de John Jay Hall. Una cantidad de manifestantes se había reunido y tumbaban la cerca de alambre que rodeaba el sitio de construcción. Gritaban repetidamente: *"Gym Crow, no go"* (un grito que expresaba la oposición a la segregación racial de la era y del

gimnasio). En cuestión de minutos, llegó la policía a empujar
y a alejar a los manifestantes de la cerca. Los pocos que resistieron fueron esposados y empujados hacia las patrullas.
Con algo de nervios, pero con curiosidad, me junté con un
pequeño grupo de espectadores y seguí al resto de los manifestantes que salieron de Morningside Park y marcharon
de regreso al centro del campus. Nos pusimos alrededor del
Sundial, el que se usaba como podio por los manifestantes.
Un joven con un megáfono en la mano se subió al Sundial
y se presentó como Mark Rudd, el presidente de la división
de Columbia de Estudiantes por una Sociedad Democrática.
Tenía el pelo largo, rubio y ondulado, una mandíbula promi-
nente y ojos estrechos, y llevaba pantalones vaqueros, botas y
una camisa arrugada abierta al cuello. La multitud creció a ser
más o menos cuatrocientas personas. Yo sentía una mezcla de
buen humor y aprensión mientras escuchaba su apasionado y
dramático discurso. Habló en contra del plan de la universidad para crear un "Gym Crow", y habló sobre la "guerra in-
moral en Vietnam" y de "acabar con el racismo y sexismo", y
le pidió al público que apoyara a los "grupos desamparados"
en sus esfuerzos por adquirir mejores trabajos, viviendas,
escuelas y tratamiento igualitario. Sus palabras me resonaron
en el alma. Al final de su plática, caminó entre la multitud
flanqueado por cuatro estudiantes. Cuando me pasaba, le extendí la mano para saludarlo y le di las gracias. Me echó una
mirada, asintió con la cabeza, y siguió caminando. Tenía una
mirada intensa y determinada.

En medio de todo este alboroto, Martin Luther King Jr. fue asesinado cuando encabezaba una protesta de recolectores de basura en Memphis. La noticia de su muerte me dejó desconcertado. Tenía el corazón destrozado. Admiraba y respetaba profundamente su lucha pacífica y valiente contra los prejuicios raciales en nuestro país y su dedicación y compromiso con la justicia social y la dignidad humana.

Cuatro días después de la muerte del doctor King, el capellán de Columbia invitó a la comunidad a un servicio conmemorativo en St. Paul's Chapel en la tarde del 9 de abril. Llegué temprano y me senté al lado de un hombre negro que era alto y vestía un traje oscuro. En cuestión de minutos, la capilla se llenó de dolientes de todos los colores y edades. A la mitad del sombrío elogio que compartía el vicepresidente de Columbia, Mark Rudd se levantó de su asiento, caminó lenta y deliberadamente hacia el frente, y se puso enfrente del vicepresidente. Tomó el control del púlpito, agarró el micrófono, y declaró que el servicio era una indignación moral en contra del recuerdo del Dr. King. Criticó a la administración por elogiar a un hombre que murió al tratar de sindicalizar a los trabajadores de saneamiento cuando la universidad había luchado contra la sindicalización de sus propios empleados puertorriqueños y negros y le había robado los terrenos a la gente de Harlem para construir un gimnasio. Rudd dijo que el homenaje era una "obscenidad" dado el maltrato que habían recibido los negros y los trabajadores de la universidad, para quienes el Dr. King había luchado y perdido su vida. Rudd dejó el púlpito, caminó por el pasillo central con los hombros en alto y salió de la capilla junto a otros que lo seguían. Me quedé sorprendido. Su comportamiento grosero me ofendió y me decepcionó. Sin prestarle atención a lo que había pasado, el vicepresidente terminó su elogio. Al final del homenaje, todos nos agarramos de la mano y cantamos "Amazing Grace" y "We Shall Overcome". Una ola de tristeza se apoderó de mí.

Después de ese incidente, creció la tensión cuando los manifestantes encabezados por Rudd invadieron cinco edificios escolares, incluyendo la oficina del presidente, secuestraron al decano por un corto periodo de tiempo, y quebraron puertas, ventanas y muebles.

Durante una de nuestras cenas de *sloppy joes*, Steve Winter y yo hablamos acerca de los manifestantes.

—Yo apoyo los esfuerzos de los estudiantes en contra de la guerra, la intolerancia racial, y las injusticias sociales —le dije a Steve—, pero tomar el control de edificios y faltarles el respeto a los derechos de los demás... eso está mal.

—Absurdo, amigo —dijo él—. Si las instituciones no escuchan a los estudiantes ni a la otra gente oprimida en tu país, tienen que usar métodos agresivos; es su única alternativa.

—Si al decir actos agresivos te refieres a la violencia, entonces no estoy de acuerdo —le dije—. Protesté hasta Sacramento junto a César Chávez en mi último año de la universidad. Fue una marcha pacífica de trabajadores agrícolas que exigían un fin a la explotación que ellos sufrían en los campos. Fue un éxito.

—¿Por ser pacífica? —me preguntó. Se le escuchaba la incredulidad en su voz.

—Claro que sí —le dije, energéticamente. Pero solamente fue una victoria en una larga lucha que continúa hasta la fecha. Recuerdo que Chávez era el líder de la manifestación. Con banderas de México, de los Estados Unidos, y de las Filipinas, y una imagen grande de la Virgen de Guadalupe en mano, los trabajadores agrícolas lo siguieron. Fue como una peregrinación.

Nuestra discusión continuó sin que llegáramos a un acuerdo, pero siempre con el respeto para el punto de vista del otro.

Desafortunadamente, después de varios días de negociación entre la administración y los manifestantes, el presidente de Columbia decidió llamar a la policía al campus. Yo, junto con miles de otros estudiantes que estaban en el Sundial, oímos el anuncio del funcionario la tarde del lunes, 29 de abril. Vestido con un traje de tres piezas, el funcionario se subió al Sundial, arrimó el megáfono a la boca y, en voz quebradiza, nos dijo que la policía pronto iba a llegar al campus. Nos pidió que regresáramos a nuestras residencias o que saliéramos por la salida más cercana. Los manifestantes estudiantiles empezaron a gritar repetidamente: "Es nuestro campus; la policía se tiene que largar de aquí". Forcejeé entre la multitud

y caminé rápidamente de regreso a mi residencia, pasando
por Hamilton Hall, en donde un grupo de manifestantes
gritaban: "No nos moverán: La policía no nos asusta, no nos
moverán". Algunos llevaban carteles del Che Guevara y Mal-
colm X. Al mismo tiempo, un destacamento de alrededor de
veinte policías se reunió enfrente de John Jay Hall. Sentí el
corazón acelerarse cuando un policía bloqueó la entrada y no
me dejó pasar. "Esta es mi residencia; aquí vivo", le dije. Mi
boca se sentía tan seca como si hubiera estado masticando un
pañuelo. Después de mostrarle mi identificación de la universidad al oficial, abrió la puerta de vidrio y me empujó hacia
dentro con su porra. Temblando y confundido, corrí hacia mi
cuarto y miré desde la ventana. Los manifestantes que habían
tomado el control de Hamilton Hall gritaban: "¡Sin violencia,
sin violencia, la policía tiene que largarse de aquí! Entre la
espada y la pared, ¡desgraciados!". Después de un largo rato,
caí rendido en la cama, emocionalmente agotado. La noche
parecía inquietante. Dormitaba, echando una mirada al reloj
cada vez que me despertaba. De repente, las sirenas rompie-
ron el silencio de la madrugada. Espantado y aturdido, salté
de la cama y miré por la ventana. Cientos de policías con
cascos habían formado una línea a lo largo de College Walk
para intentar esparcir a un grupo grande de estudiantes organizado en varias hileras. Los manifestantes habían entrelazado
los brazos y rehusaban moverse. En cuestión de minutos,
otros centenares de policías se unieron al grupo y empezaron
a avanzar con fuerza. Lograron deshacer la barricada de estu-

diantes y comenzaron a golpear a los estudiantes de la hilera delantera. Los manifestantes resistieron y luego huyeron. La policía corrió detrás de ellos y los intentaban tumbar con golpes a la cabeza o a los pies con una porra.

Yo estaba aterrorizado. Sólo había sido testigo de la brutalidad policial en una sola ocasión en mi vida. Cuando era niño, vi una redada de la patrulla fronteriza en Tent City. Una tarde, varias camionetas llegaron quemando llanta y bloquearon la entrada del campamento en donde vivía mi familia y otros trabajadores agrícolas. Los oficiales, armados y vestidos con uniformes verdes, buscaban en cada carpa a trabajadores indocumentados que corrían hacia los matorrales detrás del campamento, intentando escaparse. Los oficiales los perseguían, y en cuanto se tropezaban y se caían, los oficiales los golpeaban con sus porras, los pateaban en las costillas, y los arrastraban hasta sus camionetas para llevárselos.

No podía creer que la misma violencia que había visto en Tent City se estaba llevando a cabo en la Universidad de Columbia, la cual yo imaginaba ser un bastión de grandeza, conocimiento, refinamiento y civismo. Después de que la policía sofocó violentamente la manifestación, tardé mucho en tranquilizarme. Estaba enojado por la brutalidad policial y decepcionado y molesto con la administración de la universidad por haberle traído la policía al campus.

Al día siguiente, *The New York Times* reportó que el Departamento de Policía de Nueva York le había puesto fin a la manifestación y había desalojado a los manifestantes de los edificios invadidos con el uso de la fuerza. La redada resultó en 47 arrestos y 68 heridos. Las clases fueron suspendidas por el resto de la semana.

Después de esa noche terrible y chocante, yo estaba aún más convencido de que la lucha por la justicia social tenía que hacerse con medios pacíficos.

Tan lejos, pero tan cerca

A mediados de la primavera, la vida universitaria volvió a la normalidad. Se reanudaron las clases después de haber estado suspendidas por una semana durante los disturbios, lo que resultó en la suspensión de veinte manifestantes estudiantiles, incluyendo a Mark Rudd, y la suspensión de los planes para construir el gimnasio. Las demostraciones políticas sólo se podían organizar ahora en el área del Sundial. En pocos días, después de los exámenes finales, regresaría a casa para el verano. No podía contener la emoción que tenía de volver a ver a Laura y a mi familia y casarme.

Lo que me fortalecía en esos largos y solitarios meses eran las cartas que recibía de mi madre, Roberto y Darlene, y las de Laura; la visita pendiente de Laura en las vacaciones navideñas; y las llamadas telefónicas de vez en cuando.

Desafortunadamente, mi esperanza de pasar la Navidad con ella, que había anhelado como niño, se desvaneció cuando ella canceló su visita unos días antes de venir a Nueva York. Yo ya había arreglado con la oficina de alojamiento de Columbia para permitirle que se quedara en una habitación de huéspedes de la residencia universitaria de mujeres. Laura me escribió una carta para avisarme que sus abuelos maternos, que habían cuidado de ella y su hermana después de que su madre murió a la edad de 32 años, le habían dicho que no era apropiado que me visitara, ya que no estábamos casados. Ellos se preocupaban por el qué dirán: ¿Cómo podrían pasar Francisco y Laura las vacaciones juntos sin supervisión? Me sentí decepcionado, pero entendí la lógica de sus abuelos. Mis padres habrían hecho lo mismo. Ellos protegían mucho a mi hermana y no le permitían tener novio, aun siendo una adolescente. Mi padre era un poquito menos estricto con nosotros los hombres. Él nos permitía a mi hermano y a mí salir una vez a la semana cuando estábamos en los últimos años de nuestra adolescencia, siempre y cuando volviéramos antes de la medianoche. Le llamé a Laura esa tarde después de leer su carta. Ella estaba triste y se deshacía en disculpas.

—Perdóname —dijo ella. Su voz se le quebró.

—No hace falta una disculpa. Lo entiendo perfectamente —le dije—. Claro que estoy tan decepcionado como tú, pero tenemos que obedecerlos, aunque no estemos de acuerdo, por respeto.

—Sabía que lo entenderías —dijo Laura—. Yo siento lo mismo; por eso no discutí con ellos. Mis abuelos me dijeron que estarías enojado conmigo... que intentarías convencerme a ir, cueste lo que cueste. Se van a sorprender cuando les cuente acerca de tu reacción, pero van a estar contentos.

Después de nuestra conversación, le escribí a Laura una

breve nota: "Nuestros corazones son uno; nos hieren en su desesperación por unirse".

Al igual que el año anterior, la residencia parecía una tumba el día de Navidad, pero esta vez me sentía menos solo. Fui a misa y luego al cine para ver *En el calor de la noche*. Pasé el resto de las vacaciones trabajando en mi tesis y preparándome para los exámenes finales.

Laura y yo nos escribíamos por lo menos una vez a la semana, y cada vez que recibía una de sus cartas, me sentía como si estuviera abriendo un regalo de Navidad. Nos escribíamos acerca de nuestros días universitarios, cuando estudiábamos y trabajábamos juntos en el laboratorio de lenguas, cuando nos paseábamos por Mission Gardens, y jugábamos en una máquina de *pinball* en una tienda que estaba cerca de la universidad. También compartíamos ideas sobre tener hijos y educarlos a ser amables, amorosos, generosos, compasivos y respetuosos, y hablamos de brindarles un hogar bueno y estable y una buena educación. Laura escribía acerca de las clases que tomaba para su credencial docente y los desafíos y alegrías de la práctica profesional en pedagogía, y acerca de buscar un vestido de boda con la ayuda de Wanda. Le envié información acerca de los puestos de maestro en Nueva York. Ella me envió fotos de los diferentes diseños de cubiertos de mesa y me pidió que le ayudara a elegir uno. "Lo que tú quieras me parece bien", le escribí. "De joven usábamos tortillas como cubiertos".

Aparte de nuestras cartas semanales, Laura y yo al principio hablábamos por lo menos dos veces por mes, pero gracias a la amabilidad de la operadora, fueron más frecuentes nuestras llamadas con el paso del tiempo.

Siempre le llamaba a Laura tarde por la noche de la misma cabina telefónica en la residencia Hartley Hall, cuando bajaba la tarifa. Le hablaba a la operadora y depositaba un dólar y veinticinco centavos por los primeros tres minutos. Intenté limitar nuestras conversaciones a esa cantidad de tiempo. Sin embargo, una vez perdí la noción del tiempo cuando Laura y yo hablábamos acerca de quiénes íbamos a invitar a nuestra boda. La operadora nos interrumpió en plena conversación y me dijo que me quedaban quince segundos y que tenía que depositar otro dólar y veinticinco centavos por los siguientes tres minutos si deseaba seguir. Le dije que ya no me quedaba cambio. Creo que ella debió de haber oído la frustración en mi voz porque ofreció facturarme el resto de la llamada. Se lo agradecí y le di mi nombre y dirección para que me pudiera enviar la factura. Algunos días después, le volví a llamar a Laura. Pagué los primeros tres minutos, pero me pasé, y le pedí a la operadora que me enviara la factura del resto de la llamada. Para mi sorpresa, nunca recibí la factura de ninguna de las llamadas ni de las otras llamadas largas que hice después. No sabía quién era la operadora, pero cada vez que llamaba, ella me saludaba y me preguntaba cómo estaba. Una vez llamé al teléfono de los padres de Laura porque ella había regresado a casa ese fin de semana. Después de marcar, la operadora me dijo:

—Este no es el mismo número que ha estado llamando. Espero que no le esté llamando a otra muchacha.

—Le estoy hablando a mi prometida al teléfono de sus padres —le contesté, riéndome.

—Sólo quería averiguar —dijo ella—. Por favor deposite un dólar y veinticinco centavos por los primeros tres minutos.

Me sonreí y le di las gracias.

Implícito en nuestras cartas y conversaciones estaba la frustración que ambos sentíamos al no poder poner en palabras lo que sentíamos el uno por el otro.

"Me haces sentir como abril después de la lluvia —o la luz del sol al amanecer—", escribió Laura. "Entre más se acerca el final del año, más impaciente estoy para el día en que ya no sean necesarias las palabras".

Yo también anhelaba ese día. Pronto vendría.

Hoy he nacido

Podía sentir la emoción en las puntas de los dedos al agarrar mi boleto para el vuelo TWA a San Francisco en Columbia Travel Service en la Calle 113 oeste. Iba a regresar a casa para el verano para visitar a mi familia y casarme con Laura.

Era miércoles, 15 de mayo, siete días antes de la semana de los exámenes finales y nueve días antes del vuelo. Les entregué los últimos ensayos de investigación a mis profesores el jueves, 23 de mayo, y me preparé para irme al día siguiente. El jueves, Steve Winter y yo comimos nuestra última cena de *sloppy joes* y bajamos en el ascensor al Lion's Den para tomarnos una cerveza, lo que me recordó de la despedida de Phillip Andrews un año y medio antes. Sin embargo, Steve no se iba. Había alquilado un apartamento de una habitación en el sótano de un edificio de negocios en el East Side y planeaba iniciar su negocio de arquitectura desde ahí. Nos ofreció a Laura y a mí subarrendar su apartamento por el mes de septiembre por sesenta y siete dólares mientras encontrábamos un lugar para nosotros después de la boda. Él se iba a Londres a visitar a su hermana. Para agradecerle, le di mi equipo de cocina, pero le dije que yo no podía revelar la receta de mis *sloppy joes*. A cambio, me dejó guardar mis cosas en su hogar, que parecía un calabozo largo y angosto.

El viernes por la mañana empaqué mi maletita café que me había dado el Club de las Madrinas, una organización caritativa de latinas en Santa María, cuando me gradué de la escuela secundaria. Coloqué lo que había hecho de mi tesis de maestría en una bolsa de plástico con cierre y la metí entre mi ropa para que estuviera seguro. Luego entregué la llave de mi cuarto a la oficina principal en Hartley Hall y me dirigí al aeropuerto Kennedy.

Durante las seis horas de vuelo, de vez en cuando miraba por la ventana a las nubes blancas y esponjosas que pasaban flotando y a los rayos de sol que guiaban el avión hacia San Francisco. Me hizo sonreír la idea de tener a Laura a mi lado en el vuelo de regreso a Columbia después de nuestra boda en agosto.

En el aeropuerto de San Francisco, tomé un autobús a Redwood City y cambié a otro en San José que hacía paradas locales por el camino. Finalmente llegué a Santa Clara después de dos horas y media en el camino. Eran las ocho de la noche. Cansado pero emocionado, me fui a pie apresuradamente al complejo de apartamentos en 660 Main Street y subí al apartamento número cuatro en el segundo piso. El corazón se me aceleraba. Puse mi maletita en el piso, me limpié el sudor de la frente con la manga de la camisa y toqué la puerta.

Laura contestó.

—Ay, Dios mío, ¡estás aquí de verdad! —exclamó—. ¡Tanto tiempo!

Ver a Laura de nuevo parecía un sueño. Se nos llenaron los ojos de lágrimas y, temblando de emoción, nos abrazamos y nos besamos. Trudy, la compañera de habitación de Laura, salió de su cuarto y me dio un abrazo afectuoso. Después de calmarnos, Laura estiró la mano y con orgullo me enseñó su anillo de compromiso. En su mano se veía aún más bello de lo que me había imaginado.

Me dio la buena noticia que había aceptado un trabajo en Nueva York como maestra de español que empezaría ese otoño en Notre Dame Academy High School, una escuela secundaria católica para muchachas dirigida por las Hermanas de la Congregación de Notre Dame. Buscamos Staten Island en el mapa y decidimos buscar un lugar para vivir cerca de la escuela, una vez que llegáramos a Nueva York.

—Tu viaje diario a Columbia no debería ser tan pesado —dijo Laura.

—No creo —le respondí, sin pensarlo mucho—. Las cosas se están acomodando, gracias a Dios.

Nos desvelamos esa noche, recuperando tiempo perdido y repasando los detalles de nuestro séquito nupcial; el reverendo padre John B. Shanks, S.J., mi asesor espiritual y mentor en la universidad, iba a oficiar la ceremonia de la boda; Lynn sería la dama de honor; las damas iban a ser Marsha y Betty Beetley, la mejor amiga de Laura y su compañera de cuarto en la universidad; Roberto iba a ser el padrino, y Torito y Ron Whitcanack iban a acompañar a los invitados a sus asientos. Ron era mi amigo de la universidad y mi testigo de carácter cuando me hice ciudadano estadounidense. También hablamos de lo maravilloso que sería si mi padre asistiera a nuestra boda. Le enviamos una invitación y le dijimos que toda nuestra familia estaba ansiosa por verlo y que todos nosotros habíamos acordado pagarle el viaje.

Pasé esa noche y la siguiente en el apartamento de Randy Chun, que estaba en la planta baja del complejo de apartamentos. (Randy era un amigo mutuo de nuestro tiempo en la Universidad de Santa Clara). Al día siguiente, un sábado, dimos un largo paseo y revisamos la lista de invitados de nuestra boda.

Temprano en la mañana del domingo, el padre de Laura y su tío Alfred, un hombre alto, guapo y atlético, vinieron para vernos a Laura y a mí y ayudarla a empacar algunas de sus pertenencias. Ella se iba a mudar del apartamento a mediados de junio para vivir con sus padres durante el verano para prepararse para la boda.

Oreste era amistoso pero distante. Él y Alfred se sentaron a la mesa de la cocina frente a Laura y a mí y se reían y bromeaban juntos. Recordaron los tiempos en que los dos jugaban al béisbol. Oreste era un jugador estrella en la escuela secundaria y la universidad. Alfred jugó profesionalmente para los Braves de Boston, pero fue reclutado al ejército militar en la cumbre de su carrera para luchar en la Guerra de Corea.

Cuando le pregunté sobre su participación en la guerra, bajó la voz y agarró una servilleta del dispensador. Enrollándola apretadamente con sus dedos ágiles, dijo:

—Preferiría no hablar de eso.

—Fue una experiencia dolorosa —dijo Oreste, poniendo su brazo alrededor de los hombros anchos de su hermano—. Mejor nos vamos. Empujó la silla hacia atrás y se puso de pie, con las dos piernas un poco separadas, como si estuviera listo para atrapar una pelota de béisbol.

Después de poner todas las cajas en el Plymouth negro de cuatro puertas de Oreste, él ofreció llevarme a la estación de autobuses de Greyhound, en el centro de San José. Iba rumbo a mi casa en Santa María, donde tenía una entrevista de trabajo el lunes para un puesto como coordinador de la Comisión de Oportunidades Económicas del Condado de Santa Bárbara. Entre lágrimas, Laura y yo nos despedimos. El tener que separarnos otra vez tan pronto era triste para los dos, pero el saber que nos casaríamos dentro de unas semanas nos consoló.

Cuando llegué a Santa María, Roberto me recogió de la estación vieja de autobuses en Broadway. En cuanto lo vi, sentí una ola de felicidad, cariño y nostalgia. Pasaría mi último verano en su casa con él y su familia. Tenían más espacio para alojarme en su casa de tres habitaciones que en la humilde casa de dos habitaciones de mi madre, donde vivían ella y tres de mis hermanos menores.

Esa tarde, Roberto y Darlene hicieron una barbacoa en el

jardín e invitaron a toda nuestra familia y amigos para darme la bienvenida. Fue una ocasión alegre, pero extrañaba a Laura y me hubiera gustado que Trampita y mi padre también estuvieran allí.

El lunes por la mañana tuve mi entrevista con la Oficina de Educación del Condado de Santa Bárbara y me dijeron que, aunque calificaba para el puesto, no estaban dispuestos a invertir en capacitarme para un puesto de verano. Ellos preferían contratar alguien a largo plazo.

Me sentía terriblemente decepcionado, pero no desanimado. En seguida me puse en contacto con la compañía de gas y, por fortuna, tenían un puesto disponible en la oficina, monitoreando, registrando y archivando el uso y operaciones de medidores de gas industriales. Empecé a trabajar el siguiente lunes, 3 de junio. El trabajo era monótono y rutinario, pero requería concentración y precisión, lo que me distraía de preocuparme de la universidad y de soñar despierto con Laura.

Durante las siguientes semanas, Laura y yo nos mantuvimos en contacto sobre todo con llamadas telefónicas y cartas, y en dos ocasiones tomé prestado el coche de Roberto y fui a San Carlos durante el fin de semana. En otra ocasión, ella se vino en autobús para pasar un fin de semana conmigo y con mi familia. Juntos fuimos de compras al centro de Santa María a buscar su anillo de bodas, y compramos uno por $13.13 en Melby's Jewelers en West Main Street. La tienda era propiedad de George Herikami, para quien mi padre, Roberto y yo habíamos trabajado pizcando fresas algunas veces cuando George era aparcero.

A veces parecía que nada había cambiado —Laura y yo seguíamos separados—. Todos los días, cuando regresaba a casa del trabajo, le preguntaba lo mismo a Darlene: "¿Me llegó algún correo?". Muchas veces respondía antes de darme la oportunidad de preguntarle. Nos daba risa cada vez que pasaba eso.

Luego, un día recibí una carta con malas noticias: mi padre no venía a nuestra boda. Escribió:

> Siento mucho no poder ir a tu boda, Panchito. Dios no
> me dio licencia de poder ir. Me siento muy enfermo,
> con dolores de estómago, y he estado muy nervioso y con
> miedo, pero Dios dirá. Felicitaciones, Panchito y Laurita.
> Según me dices, Panchito, Laurita es un tesoro y debes
> cuidarla mucho y también tu nuevo hogar porque un hog-
> ar bueno es lo mejor del mundo. Me siento tan feliz que
> todos ustedes no me olviden porque lo único que tengo en
> este mundo es a ustedes... Me tiré al sufrimiento en Los
> Estados Unidos por estar todos juntos hasta que pude,
> pero mi cuerpo me falló. Que Dios me los cuide y proteja.
> Les mando muchos abrazos y nunca los olvidaré...

Laura y yo estábamos profundamente desilusionados al saber que no podría venir a nuestra boda, y nos rompió el corazón saber que seguía sufriendo de enfermedad. Cuando le leí la carta al resto de mi familia, también les partió el corazón. Le escribimos para decirle que lo queríamos y que lo extrañábamos y le urgimos que fuera a ver un doctor en vez de depender de una curandera. Nuestra esperanza que se recuperara y que regresara con nosotros se estaba desvaneciendo, pero mi madre seguía aferrada a su sueño de que algún día él regresaría. En el fondo yo quería creer que su sueño se realizaría.

Los fines de semana yo le ayudaba a Roberto a limpiar unas cuantas oficinas, que él tenía como trabajos extra. Después del trabajo solíamos visitar a nuestra madre y hermanos menores, Torito y Rubén, y a nuestra hermana menor, Rorra. Luego, íbamos a Pizza Hut a tomarnos una cerveza y conversar sobre nuestra niñez y familia. Roberto era como un segundo padre para mis hermanos y mí, y Darlene era como nuestra hermana mayor. Un sábado, yo cuidé de sus tres hijitas —Jackie, Angela y Laura—. "Las bebés son tan buenas", le escribí a Laura. "No puedo esperar a que tengamos nuestros propios hijos. La hermosa relación que tienen Roberto y Darlene me hace sentir más ansioso para que llegue el 17 de agosto".

El viernes por la mañana, el día antes de nuestra boda, mi familia y yo manejamos a San Carlos, nos registramos en el hotel Travelodge, al lado de la carretera El Camino, cerca del Villa Hotel, donde se haría la cena de ensayo. Nos cambiamos la ropa y nos dirigimos a la Iglesia San Carlos para el ensayo de la boda. El padre Shanks nos esperaba en la entrada de la iglesia. Saludó a todos y nos dio instrucciones rápida y energéticamente de qué decir y hacer durante la ceremonia.

Después de ensayar, fuimos en coche al Villa Hotel. La señora Marian Hancock, cuyo difunto esposo era un industrialista filántropo muy rico de Santa María, sirvió de anfitriona para la cena. Había escuchado acerca de la situación financiera de mi familia cuando trabajé para ella un año entregando regalos de Navidad; y cuando recibió nuestra invitación para la boda, ella amablemente ofreció pagar la cena. Margie Williams, su secretaria personal, hizo todos los arreglos. Aparte de los del séquito nupcial, en el banquete también estaban Margie Williams y su esposo; los abuelos de Laura del lado de su madre, Caterina y Rico; su abuela paterna, Rosa; mis hermanos menores; y Marie y Tollie Golmon, los amigos cercanos de la señora Hancock con los que trabajé el verano que Laura y yo nos comprometimos. Mi familia y yo quedamos sumamente agradecidos con la generosidad de la señora Hancock.

Esa noche me costó dormirme. Parecía imposible que el día que tanto había anhelado estaba a sólo unas horas. Pero también me sentía nervioso. Estaba a punto de hacer un compromiso por el resto de mi vida. "Ojalá que pueda ser un marido tan bueno como Roberto", pensé.

Temprano a la mañana siguiente, cuando íbamos en camino a la Iglesia San Carlos, le confesé a Roberto mis preocupaciones e inquietudes. "Es normal sentirse así", me aseguró. "Todo va a salir bien, Panchito".

Cuando llegamos a la iglesia a las diez y media, nos sorprendió ver que muchos familiares y amigos ya habían llegado. Me incomodaba estar vestido en un esmoquin y recibir tanta atención.

La ceremonia empezó a las once con música de órgano y la procesión. Al final de la procesión apareció Laura por el pasillo acompañada por su padre. Parecía un ángel en un esplendoroso vestido largo y blanco con mangas cortas de encaje, un velo corto, y una cola atada por la parte de atrás; llevaba un ramo de pequeñas rosas blancas. Cuando estaban cerca del altar, di un paso adelante y los miré de frente. Oreste me dio la mano de Laura y sonrió. Se hizo para atrás y se unió con Wanda en la primera banca. Ambos tenían lágrimas en los ojos. Laura y yo nos sonreímos y nos apretamos las manos. Sus grandes ojos cafés brillaban como estrellas. El padre Shanks nos saludó a Laura y a mí y luego a los invitados. Nos explicó que nuestro rito de bodas, el sacramento del matrimonio, era uno de los siete sacramentos de la gracia de Dios. Nos unimos todos en una oración inicial, y después de las lecturas de la Biblia, el padre Shanks dio una homilía conmovedora sobre el significado del matrimonio. Laura y yo luego intercambiamos los votos matrimoniales y los anillos. En mi anillo Laura había inscrito "Hoy he nacido". Era el título y la primera línea del poema de Amado Nervo, un poeta mexicano del siglo XIX. En ese momento, mi corazón latió con alegría. Ahora ella y yo éramos uno por el resto de nuestras vidas.

Al concluir la boda, ella y yo caminamos juntos por el pasillo, rodeados de amigos y familiares, listos para empezar una vida nueva.

En la recepción en el Elks Lodge en San Mateo, Roberto me pasó un telegrama de Steve Winter. Decía: "Oruga mexicana por fin sale de capullo para convertirse en mariposa y volar con hermosa flor italiana. Buena suerte".

Nuestro propio hogar

Una semana después de pasar tres días de luna de miel agradable e inolvidable bajo los cielos lluviosos y nublados de Lake Tahoe, Laura y yo tomamos un vuelo nocturno de San Francisco a Nueva York, y llegamos medio dormidos al aeropuerto Kennedy a las seis de la mañana. Era el jueves antes del puente del Día del Trabajo, el primer lunes de septiembre. Recogimos nuestras maletas, pedimos un taxi y nos fuimos hacia Greenwich Village, un barrio de Nueva York. El aire estaba cálido y húmedo. Steve Winter, quien había ofrecido prestarnos su apartamento durante el mes de septiembre mientras visitaba a su hermana en Londres, tuvo que cancelar sus planes y quedarse en Nueva York hasta el fin de mes porque luego tenía que mudarse a Connecticut para empezar a trabajar en una compañía de arquitectura. Arregló con sus amigos para que nos quedáramos unos días en su apartamento en Greenwich Village para cuidarlo mientras tomaban unas vacaciones cortas. Nos dio la dirección y nos dijo que consiguiéramos la llave del encargado de los apartamentos.

Laura y yo nos sentíamos incómodos y nerviosos con la idea de quedarnos en un lugar extraño cuyos dueños no habíamos conocido.

El apartamento estaba en la planta baja de un edificio de cuatro plantas de ladrillo rojo. Tenía una habitación, una sala pequeña y desordenada, una cocina angosta con un fregadero manchado y sucio, y un gabinete que tenía trastes amontonados de varios colores y ollas desgastadas. Había plantas por todas partes que le daban a la casa un olor húmedo. Dos gatotes negros caminaban cautelosamente alrededor del apartamento y asomaban las cabezas por detrás de los muebles, como si nos estuvieran espiando. Las cucarachas corrían a esconderse cuando prendíamos las luces. Me recordaban a los cientos de pulgas que invadían nuestras camas por la noche en nuestra barraca en el Rancho Bonetti. Los pequeños parásitos se alimentaban de flacos perros callejeros que recorrían el campamento de migrantes durante el día y se alojaban bajo nuestra casa cuando se ponía el sol.

A Laura se le agrandaban los ojos cada vez que una cucaracha cruzaba su camino.

A pesar de estar cansados, limpiamos el apartamento después de desempacar. Ella fregó el fregadero, limpió las migajas de comida de la mesa y refregó el inodoro mugriento y la ducha mohosa. Yo puse a buen uso mi experiencia como conserje al desempolvar los muebles y barrer y trapear los pisos sucios. Cuando acabamos, le agradecí a Laura y le dije que mi padre estaría orgulloso de nosotros.

—¿Por qué? —preguntó, al fruncir y limpiarse la frente con la manga.

—Porque él insistía en que teníamos que dejar los lugares en donde vivíamos más limpios de cómo los habíamos encontrado. Era una manera de agradecerle al dueño y de mejorar la posibilidad de volver a ser bienvenidos si algún día regresáramos.

—Tu papá es muy sabio —dijo Laura, sonriéndose.

El jueves por la tarde, cenamos en el apartamento de Steve Winter. Él estaba encantado de conocer a Laura y de invitarnos a una cena casera —un guisado húngaro de bolitas de masa—. Dijo que era una receta favorita de la familia de sus abuelos maternos de Hungría, que habían inmigrado a Australia hacía muchos años. Laura habló de su larga tradición familiar de hacer ravioli cada año inmediatamente después del Día de Acción de Gracias en preparación para la cena de Navidad, y yo presumí de la carne de puerco con chile colorado y tortillas hechas a mano que preparaba mi madre. Todos pensamos que el platillo de nuestra familia era el mejor.

El viernes por la mañana compramos el *New York Daily News* y ojeamos los anuncios de apartamentos en alquiler de Staten Island, con la esperanza de encontrar un lugar cerca de la escuela de Laura. Entre los primeros anuncios, encontramos una agencia de alquiler de casas. Le llamé por teléfono primero porque pensé que nos iba a ahorrar mucho tiempo y esfuerzo.

—Sólo tenemos un apartamento disponible; está en una buena ubicación —dijo el agente—. ¿Me podría dar su nombre?

—Francisco y Laura Jiménez —le contesté, emocionado. Le deletreé nuestro apellido y le expliqué que la letra j en español tenía el mismo sonido que la h en inglés. Ya estaba acostumbrado a hacer esto para evitar que me lo escribieran mal.

Hubo un silencio total.

—Lo siento. Me equivoqué. El apartamento ya se alquiló —dijo él.

Se me hizo un nudo en el estómago. Después de colgar, me puse a pensar si el agente me había dicho la verdad. ¿Acaso era la misma clase de discriminación que habíamos sufrido mi amigo Aldo Nelson y yo en un café en Paso Robles cuando una mesera se negó a atendernos porque él era negro?

Seguí buscando en los anuncios y llamé a unos cuantos lugares más, pero recibí los mismos resultados desagradables: los apartamentos ya no estaban disponibles o estaban muy caros.

Con ansias, Laura y yo decidimos alquilar un carro y manejar hasta Staten Island para ver los apartamentos que quedaban en nuestra lista. Íbamos a comenzar nuestra búsqueda en la Escuela Secundaria Notre Dame. Conseguimos un Ford Sedan de una sórdida agencia de alquiler de carros en Lower Manhattan, y con un mapa de Nueva York, Laura me daba las indicaciones. Cuando cruzamos el puente Verrazano-Narrows y entramos a Staten Island, nos quedamos gratamente sorprendidos y contentos al ver tanto verdor y campo abierto.

—¿Alguna vez te imaginaste que al casarte conmigo vivirías en una isla? —dije.

—Todavía no hemos encontrado en dónde vivir —dijo, riéndose—. Fíjate por dónde vas.

Subimos lentamente una colina de más o menos dos millas hasta llegar a la Escuela Secundaria Notre Dame. La escuela estaba situada en varios acres de exuberantes céspedes verdes, arbustos, cipreses y pinos y tenía vista de un lago grande y un campo de golf. Era una mansión de estilo colonial —una estructura gigante y rectangular de dos pisos con una puerta principal de paneles enmarcada por dos pilares, dos grandes ventanas al nivel del suelo y otras un poco más pequeñas en el segundo piso—.

—Qué lugar tan hermoso para una escuela —dijo Laura—. Y la vista es espectacular. ¡Desde aquí se puede ver el puente Verrazano-Narrows y el horizonte de Manhattan!

—Se siente como si estuviéramos en la cima del mundo —dije yo.

Dejamos la escuela y bajamos la colina de regreso, dimos la vuelta en Victory Boulevard, una de las carreteras principales de Staten Island, y comenzamos nuestra larga y frustrante búsqueda. Los pocos lugares disponibles estaban fuera de nuestro alcance o eran inadecuados —como las unidades de un solo cuarto que tenían baños chiquitos del tamaño de una estampilla y que no tenían cocina. Al llegar la tarde, Laura y yo estábamos cansados y extremadamente nerviosos. Sentí la misma sensación que había sentido de niño cuando mi familia seguía las cosechas. Cada vez que nos mudábamos, temíamos no encontrar un lugar para vivir.

Agotados y decepcionados, decidimos regresar a Greenwich Village. En el camino vimos un letrero de promoción de Grymes Hills Apartments, un complejo de apartamentos en Victory Boulevard.

—Hay que probar nuestra suerte, a ver si tienen algo disponible —dijo Laura, con cansancio.

Miré el reloj. Ya eran casi las cinco de la tarde.

—Ya es muy tarde —le dije—. La oficina va a estar cerrada. Es un fin de semana largo.

Laura me lo insistió. Podía escuchar y sentir su desesperación. Dimos la vuelta en la Avenida Howard y seguimos las señales hasta un complejo enorme de apartamentos de ladrillo rojo, que resultó estar a menos de una milla de Victory Boulevard. Nos estacionamos, corrimos a la oficina, y le preguntamos a una señora mayor, que era la gerente de la oficina, si había algún apartamento disponible.

—Lo siento —dijo ella—. No tenemos ningún apartamento vacante.

Laura me volteó a ver con lágrimas en los ojos.

—¿Absolutamente nada? —dijo ella—. Nada...

Su voz se le quebró y lentamente se desvaneció, como una paloma herida, y se echó a llorar.

La abracé y le susurré:

—Vamos a encontrar algo. No te preocupes.

La mujer debe de haber sentido lástima por nosotros.

—Bueno... hay una posibilidad —dijo—. Un señor reservó un estudio y se lo estamos guardando. Si no se comunica con nosotros para el martes por la mañana, es de ustedes.

—Eso sería maravilloso —dijo Laura, suspirando y limpiándose las lágrimas con el dorso de la mano.

—Es un poco pequeño y no tiene muebles. Mide trescientos diez pies cuadrados, pero sólo cuesta ciento treinta dólares al mes —dijo la gerente de la oficina.

El alquiler mensual era más de lo que habíamos esperado pagar. Laura y su compañera de cuarto habían pagado solamente noventa dólares al mes por un apartamento amplio de un solo cuarto en Santa Clara.

—Nos acomodamos en lo que sea, hasta en un armario —dijo Laura. Todos nos reímos.

—¿A cuánto queda de aquí la Escuela Secundaria Notre Dame? —le pregunté—. No vamos a tener carro.

—Está muy cerca, alrededor de una milla, veinte minutos a pie —dijo ella.

Laura y yo nos miramos el uno al otro con alegría.

—Llámenme el martes por la mañana —dijo. Luego nos entregó su tarjeta de negocios y nos acompañó a la puerta. Le agradecimos varias veces.

El martes por la mañana le marcamos ansiosamente a la oficina de negocios de los apartamentos Grymes Hill y recibimos la noticia: ¡el estudio estaba disponible! Nos pidieron que fuéramos a la oficina a firmar un contrato de arrendamiento. Dejamos el carro en el apartamento y tomamos el metro de la Séptima Avenida hasta la terminal South Ferry en Lower Manhattan y nos subimos a un transbordador de dos pisos que iba a Staten Island. A lo lejos se veían la Estatua de la Libertad y Ellis Island. Laura se puso sentimental al describir como Ellis Island había sido el puerto de entrada de su abuelo paterno, Ferdinando Facchini, quien dejó Italia para los Estados Unidos cuando tenía unos veinte años. Media hora después, nos bajamos en la terminal St. George, tomamos un autobús a Victory Boulevard, y nos bajamos en la parada de Arlo Road. De ahí caminamos alrededor de un cuarto de milla por la Avenida Howard hasta llegar a los apartamentos Grymes Hill. Cuando nos acercábamos a la oficina, le dije a Laura:

—Esta es la ruta que tomaré cuando vaya a Columbia.

—Es mucho ir y venir. Lo siento —me dijo.

—No te preocupes. No voy a ir a Columbia todos los días —a lo mejor tres o cuatro veces a la semana—. Además, nuestro hogar aquí será un refugio ante la ciudad ruidosa y frenética.

Sin leerlo, firmamos el contrato de arrendamiento del apartamento y pagamos el primer y último mes de alquiler. Nuestra dirección era 520 Howard Avenue, apartamento 1-A. Aunque pequeño, el apartamento era agradable y estaba limpio. La puerta de enfrente era negra, la combinación rectangular de sala y habitación tenía un piso de madera clara, una ventana delantera grande con persianas venecianas y un calentador de vapor debajo de ella, una cocina pequeña con una estufa de gas y un refrigerador compacto, y un baño pequeño con una ducha en la tina.

Devolvimos el carro alquilado contentos y cansados y pasamos otra noche en el apartamento de Greenwich Village.

Temprano por la mañana siguiente, tomamos el metro a Columbia para que Laura pudiera verla y para buscar en el tablón de anuncios muebles usados de venta. Tomamos un recorrido breve, en donde le enseñé John Jay Hall, el Lion's Den, y la cabina telefónica de donde yo le había hecho todas las llamadas a ella. Encontramos un volante que promovía varios artículos domésticos de venta en un apartamento cerca de la universidad. La dueña, quien estaba cambiando los muebles de su apartamento, nos vendió a buen precio un sofá cama, dos sillas de madera, un juego de mesas nido y una lámpara de mesa.

Por la tarde, alquilamos una camioneta vieja y le avisamos a Steve Winter de reunirse con nosotros en el apartamento en donde íbamos a recoger los muebles. Laura se sentó en el asiento del pasajero a mi lado mientras yo manejaba por Broadway, sosteniendo fuertemente el volante con ambas manos y rezando en silencio por nuestra seguridad. La camioneta se movía lentamente y hacía traqueteos, como si estuviera a punto de desarmarse en cualquier momento. Los conductores impacientes nos rebasaban, hacían sonar el claxon y agitaban los puños. Mantuve la vista hacia adelante e intenté subir la ventana para eliminar los ruidos irritantes, pero estaba quebrada y sólo llegaba hasta la mitad. Cada vez que pisaba el freno para evitar pegarle a un carro o viceversa, Laura enterraba sus dedos en mi pierna y empujaba los pies contra el piso para detenerse. Cuando por fin llegamos, estábamos temblando. Steve ya estaba allí, esperándonos enfrente del complejo de apartamentos.

Subimos los muebles a la camioneta, y los tres nos metimos en el asiento de enfrente apretaditos y nos fuimos a Staten Island. Manejar ahí fue igual de desalentador, ya que yo tuve que manejar a la defensiva entre el tráfico congestionado y junto a conductores impacientes. En el camino, nos paramos en Greenwich Village para recoger nuestras maletas y algunas cosas que había guardado en el apartamento de Steve durante el verano.

Después de descargar los muebles en nuestro apartamento en Grymes Hill, le agradecimos a Steve por su ayuda, le prometimos una comida casera, y lo llevamos hasta la terminal de transbordadores para que regresara a su casa.

Laura y yo estábamos agotados pero contentos. Por primera vez, dormimos en nuestro propio hogar.

Al siguiente día, nos aprovechamos de tener la camioneta al manejar a Volunteers of America, una tienda de segunda mano, y compramos unas ollas y trastes y el resto de los muebles que necesitábamos: una pequeña mesa-comedor y dos sillas, un tocador de tres cajones, y un pupitre con cajón y patas de metal. Nos llamó la atención una pequeña alfombra amarilla con flequillos en las orillas. La queríamos comprar, pero el precio de veinte dólares nos parecía muy alto. Después de guardar los muebles en la camioneta y de caminar de un lado para otro enfrente de la tienda, atormentados con la decisión de comprar la alfombra o no, decidimos comprarla.

Para combinar con el color de la alfombra, compramos dos pintas de pintura y pintamos la mesa-comedor y las sillas y el tocador de ese amarillo vibrante. Yo estaba a punto de pintar el calentador con la poca pintura que sobraba, pero Laura me pidió por favor que no lo hiciera. Le conté acerca de cómo mi padre pintaba las paredes de la cocina en nuestra barraca con cualquier pintura que encontráramos en el basurero municipal, y si le quedaba algo de pintura, él se la aplicaba a cualquier cosa a la vista hasta que ya no quedara porque odiaba desperdiciar las cosas. Laura sonrió y dijo:

—Admiro la frugalidad de tu papá, pero...

—Ya sé —la interrumpí y me reí—, ya es demasiado amarillo.

Colocamos el pupitre en la primera orilla del lado derecho y, al lado, el baúl del ejército, que también servía como un estante de libros. Arriba del pupitre pegamos un mapa del mundo de varios colores y la pequeña imagen de la Virgen de Guadalupe. Colocamos el sofá-cama en el centro, contra la pared derecha, la mesa-comedor a la izquierda del sofá, y la cómoda frente a él.

Antes de devolver la camioneta, compramos comestibles y lo que necesitamos para la limpieza de cada día. Me sorprendió el alto precio de las cosas y la cantidad que habíamos gastado. Nuestros ahorros combinados de mil ochocientos dólares se estaban desapareciendo rápidamente. Afortunadamente, recibiría mi subvención de la National Defense Foreign Language Fellowship al final del mes, cuando comenzaran las clases del otoño, y pronto empezaría Laura su trabajo como maestra. Me sentía afortunado y agradecido. Laura y yo creábamos nuestro propio hogar.

La vida en Grymes Hill

Temprano por la mañana, el segundo lunes de septiembre, una semana después de Día del Trabajo, Laura y yo tomamos la ruta panorámica de Grymes Hill, por Wagner College, rumbo a la Escuela Secundaria Notre Dame. Allí Laura iba a pasar el día en una orientación y asistir a reuniones en preparación para el nuevo año escolar. Estaba evidentemente nerviosa, pero con ganas de empezar su primer trabajo de maestra.

La hermana Louise Finn, la directora, se reunió con nosotros enfrente de la escuela, nos dio un breve recorrido del edificio de quince salones y nos presentó a algunos de los miembros de la facultad que tomaban café y conversaban en la sala de maestros. Todos tenían como veinte o treinta años y eran muy amistosos. Lo único que distinguía a las monjas de los maestros laicos era la vestimenta. Ellas vestían faldas grises hasta la pantorrilla con blusas blancas y chalecos grises. Llevaban en el cuello cruces sencillas de plata que colgaban de una cuerda negra. Cada una vestía un velo corto de color gris, marcado por una rayita blanca alrededor. La hermana

Finn tenía unos años más que el resto de la facultad, pero a diferencia de las demás monjas, llevaba un anillo de plata en la mano derecha que, según Laura, significaba que había hecho sus últimos votos. Su comportamiento era cordial pero reservado. Después de las presentaciones, se dirigió a mí y me dijo:

—Sé que Laura se graduó de la Universidad de Santa Clara. ¿Y usted? —Parecía realmente interesada.

—Yo también —le dije—. Ahí es donde Laura y yo nos conocimos.

Asintió levemente con la cabeza aprobando y sonrió.

—Una muy buena universidad jesuita —dijo—. Al igual que los jesuitas, las hermanas de Notre Dame también nos enfocamos en la educación y en la justicia social. Creemos que la educación tiene el poder de transformar el mundo.

—Estoy de acuerdo. Por eso decidí ser maestro.

Sonrió de nuevo, tocando ligeramente su crucifijo de plata con la mano izquierda.

—Laura y yo tenemos que llegar a nuestra primera reunión —dijo—. Fue un placer conocerlo. Estoy segura de que lo veremos más a menudo. Volteó hacia Laura y añadió: —Nos alegra que se haya reunido con nosotros.

—Gracias, hermana.

Hasta ese entonces yo había tenido poco contacto con las monjas. En cambio, Laura había pasado los cuatro años de la escuela secundaria estudiando con las hermanas de Notre Dame en Belmont, California. Ella admiraba su preparación, enseñanza, y perspectiva religiosa progresista.

Me despedí y me fui a Columbia para reunirme con el profesor Iduarte. Eran las nueve y media. Bajé rápidamente por Grymes Hill a Victoria Boulevard y tomé un autobús lento a la terminal de transbordadores. Después de un viaje de treinta minutos en barco hacia Lower Manhattan, me subí al metro sofocante y lleno de gente, y llegué a la universidad apenas a tiempo para mi reunión a las once con el profesor. En cuanto crucé las puertas de entrada al campus y vi John Jay Hall encumbrado en la distancia, me acordé de los dos largos años solitarios que había pasado allí. Sentí un escalofrío recorrer por todo el cuerpo.

Subí las desgastadas escaleras de mármol gris a la oficina del profesor Iduarte en el tercer piso de Philosophy Hall. Me saludó, nos dimos la mano, y me señaló que tomara asiento a su lado. Dijo que acababa de llegar de la Ciudad de México después de haber viajado por Europa durante la mayor parte del verano, lo cual explicaba por qué se veía tan cansado. Tenía ojeras, y su voz sonaba más rasposa de lo normal.

—¿Qué hay de nuevo? —me preguntó. Cuando le dije que me había casado durante el verano, saltó de su silla y me dio un abrazo.

—¡Felicidades, Panchito! —Entre más hablaba yo de Laura y mi familia, él se ponía más interesado y entusiasmado—. Tengo ansias de conocerla —dijo.

Me sentí conmovido y gratamente sorprendido por su reacción, y le prometí que pronto traería a Laura para que él la conociera.

Hablamos sobre mi tesis y las clases para el año. Me dijo que se esperaba que tomara los exámenes orales y escritos para la maestría y terminara la tesis para el final del semestre de la primavera. Le dije que iba a un buen paso, le prometí que iba a estar listo y le enseñé la lista de cursos que pretendía tomar ese año para completar los requisitos para el doctorado. Entre éstos estaba La Generación de 1898 y el Modernismo, con Jack Himelblau, un profesor visitante de Harvard; Poesía Hispanoamericana del Siglo XIX, con Eugenio Florit, un poeta cubano muy conocido que recitaba poesía de memoria y daba lecturas dramáticas en clase; y *Libro de Buen Amor*, con Gonzalo Sobejano, un especialista en la literatura española contemporánea que tenía la reputación de dar discursos meticulosamente organizados, concisos y cautivadores. El profesor Iduarte los aprobó y me sugirió que sería una ventaja tomar por lo menos un curso con cada profesor del departamento y familiarizarme con sus obras publicadas antes de tomar los exámenes orales y escritos. Asentí y le agradecí su consejo y añadí a mi lista Historia de la Lengua Española con el profesor Frederick Jungemann.

Después de reunirme con el profesor Iduarte, caminé hacia la Biblioteca Butler para trabajar en mi tesis. En la entrada lateral, pegado en la puerta, había un anuncio de un trabajo dando una clase piloto de conversación en español en la Escuela de Enfermería del Hospital St. Luke's. Se pagaba diez dólares la hora, el salario más alto que yo jamás había recibido, más de lo que esperaba. "A mis padres les vendría

bien ese dinero extra", pensé. El año anterior, había conocido a una estudiante de enfermería en el Lion's Den que
me había comentado que se le hacía difícil comunicarse con
algunos de los pacientes, especialmente los puertorriqueños
y dominicanos que sólo hablaban español. Se sorprendió y se
sintió afligida cuando le dije que mi padre, que sólo hablaba
español, se sentía frustrado y apenado cuando no podía entender ni explicarse al doctor y a las enfermeras en el hospital
donde le dieron tratamiento después de cortarse el dedo con
un serrucho eléctrico por accidente. Anoté la información
del anuncio y corrí hacia el Hospital St. Luke's, en la esquina
de la Calle 114 y la Avenida Ámsterdam, cerca de Columbia.
Entré a la sala de espera y le dije a la recepcionista que quería
hablar con la directora del programa. Respetuosamente me
dijo que tomara asiento. Llevaba mucho tiempo esperando
impaciente cuando por fin la directora salió, se presentó y
me invitó a su oficina para una entrevista. Al final de la entrevista, me ofreció el puesto: enseñar un curso de dos horas
los lunes y miércoles por las tardes. Cuando llegué a casa esa
tarde, encontré a Laura exhausta y preocupada por su horario
de enseñanza, el cual consistía en cinco cursos que requerían
diferente preparación cada uno: Español I, II, III, IV, y Literatura Española AP, un curso de nivel universitario. En total, el
número de estudiantes era de más de cien. Le propuse que yo
me encargara del curso de literatura para aliviar el peso del
trabajo, pero no quiso.

—Ya tienes demasiado que hacer —dijo, compasivamente. Discutí con ella y por fin la convencí, diciéndole que yo deseaba y necesitaba más experiencia como docente para las oportunidades de empleo en el futuro. Cuando le conté del trabajo que había aceptado en St. Luke's y acerca de mi plan de mandarle ese dinero a mi familia, ella se puso de acuerdo, pero indicó su preocupación que yo cargaba con demasiado trabajo.

—Voy a estar bien —le dije.

Me echó una mirada escéptica y me dijo:

—Me preocupo por ti, sabes.

—Lo sé —le dije—. Yo también me preocupo por ti. Estás lejos de tu familia por primera vez en tu vida y estás comenzando un nuevo trabajo, enseñando cuatro cursos diferentes con más de cien estudiantes. ¡Eso sí que es trabajo pesado!

—Sólo tenemos que cuidarnos el uno del otro entonces —dijo ella—. Eso es un agrado, no un trabajo.

Al siguiente día, cuando pedimos la aprobación de la hermana Finn para que yo me encargara del curso de literatura española en lugar de Laura y le dije que no esperábamos compensación alguna, ella dijo:

—Maravilloso. Dos por uno es un verdadero regalo de Dios. —Desafortunadamente, el curso tenía sólo ocho estudiantes, lo cual redujo muy poco el número total de estudiantes en los cuatro cursos de Laura.

Mi curso de literatura española se reunía a las ocho de la mañana, de lunes a viernes, en un saloncito con ventanas en dos lados con vista a los jardines de la escuela. Las estudiantes, de último año, eran listas e interesadas, y nos sentábamos alrededor de una mesa y discutíamos, en español, las obras literarias de una antología. Siempre que era posible, conectaba las lecturas con las vidas de las estudiantes y para suplementar el libro de texto incluí a *San Manuel Bueno, Mártir*, una novela corta de Miguel de Unamuno en que el autor explora el significado de la vida y la muerte y la lucha entre la fe y la razón. Me di cuenta desde el principio de que necesitaba aprender más sobre cómo presentar el material de manera interesante y cómo exigirles a mis estudiantes que razonaran críticamente.

Nuestro horario semanal era sumamente ocupado y frenético, y por eso Laura y yo nos veíamos sólo brevemente: temprano en las mañanas a las seis, cuando nos estábamos alistando para ir a trabajar; durante las caminatas de veinte minutos a la Escuela Secundaria Notre Dame; y al anochecer, muchas veces hasta las once, cuando yo regresaba a casa después de mi última clase en Columbia, que terminaba a las siete, e investigar en la biblioteca. Los fines de semana, Laura lavaba la ropa y ambos tomábamos el autobús a la tienda para comprar comestibles en el mercado A&P. Cuando llovía o nevaba, se nos hacía más difícil el tener que cargar las bolsas en el autobús y llevarlas subiendo la colina hasta el apartamento. Los domingos, después de misa, Laura preparaba los planes de clase para la semana, creaba exámenes o corregía tareas. Yo repasaba el material para mi curso de literatura, leía, realizaba investigaciones para mis cursos de posgrado y trabajaba en mi tesis.

Las vacaciones navideñas nos brindaron un escape de nuestro horario ocupado, pero no del tiempo helado en Grymes Hill. Para protegernos de los vientos helados que traspasaban las brechas alrededor del marco de la puerta de enfrente, clavamos a la puerta por dentro el tapete amarillo. Nos poníamos pijamas de franela y chamarras de invierno al dormir y nos acurrucábamos para mantenernos calientitos. Aun así, los inviernos nunca se sentían tan fríos como los que pasaba en Corcorán, California, donde mi familia y yo pizcábamos algodón y vivíamos en una cabaña de un solo cuarto sin calefacción. Dormíamos con la ropa puesta y nos acurrucábamos todos juntitos en un colchón grande que yacía en el piso.

Unos días antes de Navidad, Laura y yo desafiamos el tiempo de nieve y bajamos cuidadosamente la resbaladiza colina de Grymes Hill para tomar el autobús hacia el Mercado A&P, donde compramos un árbol de Navidad de cuatro pies de alto que estaba en oferta. Lo pusimos al lado de la mesa comedor y lo decoramos con hebras de palomitas de maíz.

Después de salir de misa por la mañana de Navidad, Laura y yo intercambiamos regalos. Ella me regaló un suéter grueso de lana que su abuela materna había tejido, y yo le di una cajita de madera minuciosamente tallada que había encontrado en una tiendita en Lower Manhattan. Tres semanas después, para su cumpleaños, la sorprendí con una estatuilla de cerámica de un niño recostado en un bote de basura con un letrero que decía: "Sin ti, mi alma está por los suelos". Ambos regalos la hicieron muy feliz. Laura, al igual que mi madre, siempre gozaba de todo.

Un paso más adelante

Nuestra vida en Grymes Hill continuaba siendo muy atareada con trabajar todos los días de la semana, pero durante el descanso del semestre de primavera completé mi tesis de 221 páginas, se la entregué al profesor Iduarte, y me inscribí para tomar los exámenes orales y escritos para la maestría que se iban a dar a mediados de mayo. Dos semanas después, me devolvió la tesis con unas cuantas sugerencias menores y me pidió que la revisara y la preparara de acuerdo con las normas de formato de la universidad para las tesis de maestría. Yo había escrito tantos borradores a máquina, cortando y pegando, que apenas podía soportar la idea de pasar el borrador final a máquina.

Laura se apiadó de mí y se ofreció a hacerlo. Se lo agradecí, pero le dije que no, recordándole que ella no tenía tiempo y que tenía demasiado trabajo ya. Ella propuso que yo le pagara a alguien para que me pasara la tesis a máquina, usando los fondos de mi beca. "Mejor pudieras usar ese tiempo para estudiar para tus exámenes", dijo, firmemente. Estuve de acuerdo con ella, y me alegré de haberlo hecho.

Antes de darme cuenta, el día del examen había llegado. El lunes 12 de mayo de 1969, me levanté más temprano de lo normal, después de haber pasado una noche sin dormir mucho por pensar en el examen que me había preocupado por tanto tiempo. Me sentía nervioso, pero con ansias de quitármelo de encima. Después de alistarme, Laura y yo nos despedimos.

—No te preocupes por el examen —dijo—. Rezaré por ti.

—Gracias, lo voy a necesitar.

—No tengo ni la menor duda que te va a ir bien.

Su confianza en mí me tranquilizaba. Aun si fracasara, ella estaría ahí para mí.

—Espero que te vayan bien tus clases —le dije—. Por favor, recuérdale a mi clase de literatura que hoy no voy a estar.

Llegué a Columbia justo a tiempo para tomar el examen que comenzaba a las nueve en punto en la Casa Hispánica, el centro académico y cultural de estudios hispánicos, ubicado al oeste de la Calle 116. El examen de cinco horas consistía en diez preguntas de ensayo sobre la literatura latinoamericana y española, con un enfoque en los movimientos literarios; unas cuantas preguntas acerca de la historia de la lengua española; y la identificación de varios autores importantes y críticos literarios. Me sentía agotado cuando terminó el examen a las tres, pero estaba seguro de que había hecho bien.

Cuatro días después, tomé el examen oral a las diez de la mañana en la sala de conferencias en el tercer piso de Philosophy Hall. En cuanto entré, me sentí intranquilo al ver al profesor James Shearer. Encabezaba la mesa con los profesores Iduarte y Jungmann a cada lado, uno frente al otro. Después de saludarnos, Shearer me pidió que tomara asiento en el otro extremo de la mesa, frente a él. "Es la silla de tortura", dijo bromeando.

No me hizo gracia; me dejó aún más inquieto. Al notar mis nervios, el profesor Iduarte volteó a ver a sus colegas y dijo: "La tesis de Francisco sobre Gregorio López y Fuentes es excelente". Dirigiéndose a mí, añadió: "Al igual que tus exámenes escritos. Felicitaciones". Shearer y Jungmann asintieron y también me felicitaron. Sentí un gran alivio.

Iduarte prosiguió a hacerme preguntas sobre los escritores mexicanos que eran contemporáneos a López y Fuentes. Mencioné algunos nombres y expliqué su importancia en la literatura mexicana. Iduarte sonrió con aprobación, al igual que Shearer cuando contesté a sus preguntas sobre los autores españoles. El profesor Jungmann frunció el ceño cuando titubeé al responder a una cuestión relacionada al libro *Historia de la lengua española* por Rafael Lapesa, un experto en la lengua española. Jungmann reformuló la pregunta, me guio y pareció estar satisfecho con el resto de mi respuesta.

Al final de la hora, me pidieron que saliera por algunos minutos mientras deliberaban. Yo caminaba de un lado a otro por el pasillo, esperando con impaciencia. Por fin el profesor Shearer abrió la puerta a la mitad, asomó la cabeza y dijo: "Ya puedes entrar". Cuando entré, él y los profesores Iduarte y Jungmann estaban de pie detrás de sus sillas sonriéndose. Supe en ese momento que lo había logrado. Cada uno me felicitó y me dio la mano. Les agradecí y salí del cuarto flotando, sintiéndome tan feliz y orgulloso como el día en que me gradué de la universidad. Salí de Philosophy Hall, pasé la estatua *El pensador*, y fui apresuradamente a Hartley Hall para llamarle a Laura y darle las noticias, cuando de repente me acordé de que todavía estaba dando clases en Notre Dame y no estaría en casa.

Me fui de Columbia un poco antes del mediodía, con el afán de sorprenderla en persona. Tomé el metro a la terminal de Battery Park, y abordé el trasbordador a Staten Island. Subí las escaleras y hasta el fondo de la cubierta principal para tener la mejor vista de la Estatua de la Libertad y de Ellis Island. Mientras el barco se alejaba, pensé en los millones de inmigrantes que, como los abuelos de Laura, habían dejado su tierra natal y pasado por Ellis Island antes de emprender una nueva vida en los Estados Unidos; y pensé en mi familia, la cual, al igual que muchas otras, había cruzado la frontera entre los Estados Unidos y México. Me sentí agradecido por los sacrificios que hicieron nuestras familias. Su valentía y su trabajo duro hicieron posible que Laura y yo pudiéramos disfrutar de una buena vida. Éramos los herederos de sus sueños.

Cuando llegué a la casa, encontré un letrerito que Laura había colgado en la puerta. "¡Felicidades!", decía. "¡Me siento orgullosa de ti!"

Un novato

Pasé el verano leyendo para mis exámenes del doctorado. De vez en cuando Laura y yo íbamos a museos y dábamos paseos turísticos en Manhattan, y el segundo año de nuestra vida en Grymes Hill empezó casi igual que el primer año. Pero eso pronto cambió.

Le pidieron a Laura que enseñara un curso de matrimonio para las estudiantes de último año en vez de Español IV, y yo me ponía más y más ansioso por conseguir un trabajo de tiempo completo, especialmente después de que me cancelaron la clase para enfermeras.

El programa piloto de enseñarles español a las enfermeras no funcionó. A medida que pasaba el tiempo, el número de estudiantes en la clase disminuyó, en parte porque cambiaban sus horarios de trabajo cada semana. La falta de constancia era igual de frustrante para ellas como para mí. No podían asistir a clase con regularidad, y al comienzo de cada clase tenía que hacer modificaciones al plan de clase para cumplir con sus necesidades. Al final del año, pocas estudiantes asistían, así que no se renovó el programa.

—Me siento como si estuviera mirando pasar el mundo, pero no estoy en él —le dije a Laura—. Aparte de enseñar el curso de literatura en Notre Dame, lo único que hago es estudiar. Me pongo a pensar en todo lo que hacen los demás. Ellos aportan. Yo no he hecho nada. No he aportado nada.

—Eso no es cierto —me dijo—. Piensa en lo que has hecho y todo lo que tú has cambiado en estos últimos tres años en Columbia. Has completado tu maestría y todos los cursos para el doctorado. Tu vida profesional apenas está empezando, y al igual que la vida se compone del día a día, así también son los logros. Se alcanzan a pasos, y cada paso te lleva a tu meta. Tienes que tener más paciencia contigo mismo.

Escuché sus sabios consejos y decidí conseguir un trabajo de tiempo parcial como instructor y prepararme para los exámenes del doctorado, que pensaba tomar al final del segundo semestre.

Mandé solicitudes a varias universidades locales, Columbia entre ellas. Recibí ofertas de Wagner College en la Staten Island y Queensborough Community College en Queens, Nueva York. Columbia me ofreció un trabajo, un puesto de maestro que estaba disponible de forma competitiva a los estudiantes de posgrado con uno o dos años más de estudio para su doctorado. La oferta incluía enseñar cuatro cursos al año, dos por semestre, una exención de la matrícula, y un salario de $4,200; empezaría en otoño. El puesto era de un año en la Facultad de Estudios Generales, una de las dos facultades de arte y filosofía en Columbia.

Conocida por sus estudiantes no tradicionales e internacionales, la Facultad de Estudios Generales ofrecía una licenciatura y una amplia variedad de cursos, lo cual atraía a muchos estudiantes de Columbia College, la Facultad de Ingeniería y Ciencias Aplicadas, Barnard College y la Facultad de Estudios de Posgrado. Casi la mitad de los cursos se ofrecían por la noche para que los estudiantes y profesionales que trabajaban durante el día pudieran asistir.

Consideré las ventajas y desventajas de cada oferta y, con el consejo de Laura, decidí a favor del puesto en Columbia porque iba a estar en un ambiente conocido y trabajaría con profesores que ya conocía. Sin embargo, antes de poder aceptar la oferta, necesitaba la autorización de la Oficina de Admisiones y Ayuda Financiera de la Facultad de Estudios de Posgrado. Se me había otorgado una segunda beca de la National Defense Foreign Language Fellowship (NDFL) para el año 1969-1970, la cual estipulaba que "un beneficiario no puede aceptar otro puesto en la universidad (por ejemplo, un puesto de instructor o un asistente de docente o de investigador) sin permiso escrito".

Le escribí al director de la Oficina de Ayuda Financiera, pidiéndole permiso para retener la beca de la NDFL y el puesto de instructor, y les expliqué que el trabajar era un asunto de orgullo para mí y que quería seguir apoyando a mis padres y hermanos económicamente. Varios días después recibí la aprobación del Comité de Ayuda Financiera.

Laura y yo estuvimos muy contentos. De inmediato pedí una cita para ver al profesor Anthony Tudisco, jefe del Departamento de Español en la Facultad de Estudios Generales. Me reuní con él en su oficina en Lewisohn Hall. Era un hombre alto y fornido de unos cincuenta años; hablaba con seguridad propia cuando me felicitó por haber recibido el puesto de instructor y me preguntó:

—¿La Universidad de Santa Clara es parte del sistema de la Universidad de California?

—No. Es una universidad privada jesuita. Muchas veces la confunden porque muchas universidades en el sistema de la Universidad de California tienen nombres de santos.

—Ya veo —dijo, frunciendo el ceño.

¿Estaba sorprendido o decepcionado? Yo no estaba seguro.

Se paró y me pidió que lo siguiera a otra oficina al final del pasillo.

—Quiero que hables con Susana Redondo de Feldman; te dará un horario de enseñanza —dijo—. Tengo entendido que ustedes dos ya se conocieron.

—Sí, el año pasado —le dije—. Tomé un curso de escritura avanzada con ella.

—Es una mujer extraordinaria —dijo.

Estaba de acuerdo. Yo había admirado a la profesora Redondo de Feldman desde que había completado su curso y el profesor Iduarte me contó de ella.

Ella nació y creció en Cuba, recibió su doctorado en pedagogía de la Universidad de La Habana, y se mudó a Nueva York en 1944. Con poco conocimiento de inglés, batalló para sobrevivir. Aceptó un trabajó en una fábrica, cosiendo payasos de juguetes por un tiempo, antes de conseguir un empleo como secretaria en el Departamento de Español de Posgrado en Columbia. Tomó cursos en Columbia por la noche, recibió un segundo doctorado, enseñó español a tiempo parcial y por fin llegó a ser profesora titular.

La puerta de su oficina estaba abierta. Ella estaba sentada en su escritorio escribiendo. En cuanto nos vio, se paró y dijo alegremente:

—¡Entren, entren, qué gusto me da verlos!

Tenía los ojos en forma de almendra y la piel morena y, como siempre, su pelo negro brillante estaba recogido en un moño. Su personalidad amable y energética era contagiosa.

Tudisco se despidió y se fue.

—Por favor, tome asiento —dijo ella—. Me alegro de que vaya a enseñar con nosotros.

—Gracias, yo también estoy muy contento. Es un privilegio —dije. Saqué una silla y me senté enfrente de ella.

La profesora Redondo de Feldman me describió el programa de español y me dio el horario de enseñanza para el semestre de otoño. Iba a enseñar dos cursos tres veces a la semana, los lunes, los miércoles y los viernes: Español

Elemental, Gramática, Lectura y Conversación y Español Intermedio, un repaso general de la gramática con un énfasis en la expresión personal. Además, me dio el plan de estudios y una lista de libros de texto y lecturas que había de usar en cada clase.

—Espero que este horario le parezca bien —me dijo ella.

Sentí que la mandíbula se me apretaba. Al recordar las palabras de mi padre de siempre aceptar cualquier trabajo sin condición y estar agradecido por tener trabajo, resistí las ganas de decirle que prefería dos secciones del mismo curso, lo cual me hubiera dado sólo una preparación. También pensé que habría sido irrespetuoso, ya que había sido mi profesora.

—Está bien, gracias —le respondí.

Dejé su oficina sintiéndome bienvenido y reconocido, pero preocupado por enseñar en Columbia.

Pasé horas estudiando la gramática del español y pensando en la mejor manera de enseñar mis dos cursos. Estaba resuelto a no sólo aprenderme bien la materia sino también a enseñarla eficazmente. Así que me inscribí en una clase de posgrado ese semestre en Columbia Teachers College sobre métodos pedagógicos, y le pedí a Laura que me guiara, ya que ella había enseñado español bajo supervisión durante sus estudios de posgrado y llevaba más de un año enseñando en la Escuela Secundaria Notre Dame.

A pesar de estar preparado, estaba extremadamente nervioso el día en que iba a enseñar mi primera clase universitaria. Salí para Columbia justo después de dar mi curso de literatura en Notre Dame, comí en el camino, y llegué al campus casi al mediodía. Fui a la Biblioteca Butler y pasé más de una hora repasando mi plan de curso y apuntando en una tarjeta lo que iba a decir y hacer al comienzo de la clase. A la una, salí de la biblioteca y me dirigí hacia Hamilton Hall, donde mi clase se reunía. Entré a la sala del edificio, y mientras subía las escaleras hacia el salón 303, sentí que me temblaban las piernas y me latía el corazón. Abrí lentamente la puerta del aula, me deslicé hacia adentro y puse mi maletín sobre una mesita enfrente de la sala. Me presenté y saludé a mis estudiantes, que habían llenado cada asiento. Sentía que las manos me temblaban mientras pasaba las copias del programa de estudios del curso. "Como pueden ver, estoy un poco nervioso", dije, disculpándome. "Esta es la primera clase universitaria que enseño". El salón se llenó de risas corteses y sonrisas amigables, lo cual me alivió la tensión. Pasé la lista y les pedí a los estudiantes que se presentaran. La mayoría de ellos estudiaban para su primera o segunda licenciatura universitaria; otros eran estudiantes de posgrado internacionales o eran profesionales: abogados, contadores, actores, periodistas y veteranos militares —todos con deseos de aprender español—.

Antes de que me diera cuenta, la hora de clase se había terminado. Resultó que estaba más que preparado y no pude completar toda la lección. Me sentía decepcionado y cansado.

Mejoré un poco para mi segunda clase, pero no me fue tan bien como había esperado.

Esa tarde, de regreso a Staten Island en el transbordador, recordé mi experiencia en ambas clases y tomé notas mentales de lo que podría haber hecho mejor. Llegué a la casa muy cansado y decepcionado, pero decidido a hacerlo mejor para la próxima vez.

Después de algunos días de enseñar y preparar lecciones, noté que el libro de texto que teníamos incluía temas culturales de España y Latinoamérica, pero no de las comunidades hispanohablantes en los Estados Unidos. Por lo tanto, me aproveché de las experiencias que mis estudiantes tenían con el español que se hablaba en Nueva York, y les enseñé el vocabulario y las expresiones particulares entre los puertorriqueños y cubanos, como también las de los mexicanos que vivían en el oeste y el suroeste. Les subrayé a mis estudiantes que debían valorar y aprender estas variaciones lingüísticas al igual que el "español estándar". También les enseñé sobre la rica herencia cultural de los hispanos en los Estados Unidos.

El enseñar a nivel universitario era bastante trabajo y tomaba mucho tiempo, pero era muy gratificante. Me reunía con muchos de mis estudiantes individualmente fuera de clase para ayudarlos a mejorar su competencia oral y para conocerlos mejor. Nuestras conversaciones eran entusiasmadas y sinceras, lo que hacía que el aprendizaje y la enseñanza fueran más personales, más relajadas y agradables. Me daba muchísimo gusto verlos progresar al hablar en español e interesarse en la vida y cultura de los hispanos no sólo en Latinoamérica y España, sino también en los Estados Unidos. Sentía que los ayudaba a alcanzar una mejor comprensión y un aprecio de nuestra sociedad culturalmente diversa. No tenía ni la menor duda de que la enseñanza era mi vocación.

A mi alcance

Me sentía listo. Un año ya había pasado desde que había recibido la maestría y había completado las clases para el doctorado, y ahora estaba listo para tomar los exámenes de doctorado. Llené la solicitud y fui a buscar al profesor Shearer a su oficina para que la aprobara y la firmara. Después de revisar cuidadosamente mi expediente académico y firmar la solicitud, me dijo: "Me parece que todo está en orden. Suerte".

Le di las gracias y esperé para que me dijera algo acerca del examen, cualquier cosa que me ayudaría a prepararme. Se me quedó viendo confundido como si estuviera preguntándose por qué seguía yo ahí. Rompí el silencio incómodo al preguntarle:

—¿Me podría dar, por favor, una idea del área o las áreas en que se va a enfocar el examen?

—Tienes que saber y tener la habilidad de evaluar críticamente la literatura española desde tiempos de Adán y Eva hasta el presente —dijo con una carcajada.

Sentí que la sangre se me subía al rostro y que el corazón me latía con fuerza.

—Hablando en serio —dijo—, enfócate en tu área de especialización, la literatura latinoamericana. Aun así, también tienes que tener un conocimiento general de la literatura española.

Me sentí aliviado, pero estaba molesto y frustrado con su sentido de humor. Fingí una sonrisa, le di las gracias y me fui.

Los exámenes de candidatura escritos no fueron tan difíciles como me los había imaginado. Me asignaron dos ensayos largos para hacer en casa: uno acerca de las cartas de Simón Bolívar al poeta ecuatoriano José Joaquín Olmedo y el otro acerca de *Los de abajo*, la novela clásica de Mariano Azuela.

Una semana después de entregar mis ensayos, los cuales aprobé con éxito, tomé el examen oral ante los profesores Shearer, Iduarte, Jungemann y Sobejano en la sala de conferencias del departamento. Me sentía menos nervioso y tenía más confianza que cuando tomé los exámenes orales para la maestría ya que había pasado por este proceso y estaba más preparado. Una vez más, me senté al final de la larga mesa rectangular, frente al profesor Shearer, quien era el encargado de mi examen; el profesor Jungemann y el profesor Iduarte se sentaron a mi derecha, enfrente del profesor Sobejano, que estaba a mi izquierda. Cada uno me lanzaba preguntas que estaban basadas en sus áreas de especialización, lo cual significaba que la mitad de mi examen se enfocaba en la literatura española, un cuarto en la literatura latinoamericana, y el resto en la historia de la lengua española. Todos se veían satisfechos con mi desempeño, sobre todo Jungmann, cuyas preguntas contesté correctamente, sin dudar.

—Lo hiciste mucho mejor esta vez —dijo él.

El examen duró una hora y media, y cuando se concluyó, me pidieron que saliera del cuarto mientras los profesores deliberaban. En cuestión de minutos, salió el profesor Shearer y me pidió que regresara.

—Felicidades, ya eres oficialmente un candidato para el doctorado —dijo el profesor Shearer.

Cuando llegué a Columbia, él me había dicho que ante los ojos del departamento yo no existía hasta que aprobara los exámenes de doctorado. Tenía ganas de decirle, "Ya no soy invisible", pero me limité a decirle: "Gracias. Me da gusto haber terminado".

El profesor Iduarte me dio un fuerte abrazo y me susurró al oído:

—Excelente, Panchito.

—Gracias a usted —le respondí.

Laura y yo celebramos. Esa noche, en nuestro hogar, cenamos bistec con una copa de vino y nos comimos un delicioso pastel de chocolate que ella había preparado. Al día siguiente, nos dimos el lujo de ir a Manhattan para ver la obra de García Lorca, *La casa de Bernarda Alba*, la cual se representaba Off-Broadway.

Ahora que era candidato para el doctorado, con la ayuda del profesor Iduarte, tenía por delante el intimidante reto de elegir el tema de mi tesis. Me sentía agobiado al pensar en la necesidad de escribir una investigación extensa que tenía que ser original, contribuir algo a mi área de concentración y ser tan larga como un libro. Antes de reunirme con el profesor Iduarte, sin embargo, quería tener una idea clara de lo que quería escribir. Me acordé de que algunos estudiantes mayores en el programa de doctorado en español seguían trabajando en sus tesis después de ya muchos años y todavía no las habían terminado. Ya que sabía que las investigaciones me iban a tomar muchísimos meses y la escritura aún más tiempo, busqué un tema que me apasionara y me interesara con el paso del tiempo. Me pasé algunos días pensando específicamente en los temas y autores que había estudiado. El curso de la literatura de la Revolución Mexicana, el cual se enfocaba en parte en la identidad de México y la dificultad de aceptar su pasado indígena, se me venía a la mente una y otra vez.

Antes de la Revolución, los indígenas sufrieron muchas injusticias y fueron excluidos de la establecida orden social y cultural de México. No era una sociedad inclusiva. Comparé esa desagradable realidad con la historia y a la segregación que los negros y mexicanos sufrieron y la discriminación en contra de ellos en nuestro propio país. Me quedó claro que los Estados Unidos tampoco era una sociedad justa e inclusiva.

Pensé en mi experiencia en la escuela primaria y secundaria y en la universidad, y pregunté: ¿Había grupos que faltaban en la literatura que estudiábamos en ese entonces? Conforme pensaba en esa pregunta, la respuesta se me hizo clara: los negros, los mexicoamericanos y otros grupos minoritarios no formaban parte o no estaban bien representados en ninguna de las obras literarias que leíamos en la escuela. Me acordé de las obras dramáticas representadas por Teatro Campesino durante la marcha de César Chávez a Sacramento y sus otras representaciones en Nueva York para apoyar el boicot de uvas en California. Como resultado, me interesó escribir mi tesis acerca de algún aspecto de la literatura mexicoamericana. Quería analizar y estudiar obras escritas por mexicanos y sus descendientes que habían vivido o estaban viviendo en los Estados Unidos, y que habían escrito acerca de sus experiencias en nuestro país.

Fui a ver al profesor Iduarte el miércoles durante sus horas de consulta, después de dar mi clase, y le propuse mi tema. Él simpatizaba con la idea, pero me disuadió de seguir con ese tema. Él creía que la universidad no lo consideraría un tema legítimo. Me recalcó que aun la literatura latinoamericana no se consideró tema digno del doctorado en Columbia hasta los años 1920. Hasta ese entonces, sólo se aceptaban tesis acerca de la literatura española. Luego me decepcionó descubrir que este prejuicio era común entre todas las instituciones de la nación que otorgaban doctorados.

Estaba profundamente decepcionado y molesto, pero

valoraba y respetaba sus consejos. Como alternativa, me sugirió que escribiera mi tesis acerca de las novelas históricas de Victoriano Salado Álvarez, *Episodios nacionales mexicanos*. Cuando le dije que no conocía ese autor mexicano, el profesor Iduarte me empezó a contar que Salado había nacido en Teocaltiche, un pueblito que estaba algunas millas al norte de San Pedro Tlaquepaque, el lugar en que yo nací en el estado de Jalisco. Esto me llamó la atención. Me dijo que Salado había publicado una colección de cuentos cortos y muchos libros acerca de varios temas, incluyendo obras de crítica literaria e historia mexicana. Sin embargo, su obra más conocida era *Episodios nacionales mexicanos*, una historia de México escrita en forma de novela, la cual cubría el periodo desde la dictadura de Santa Anna hasta el final de la Intervención Francesa, 1851–1867.

—Nadie ha hecho una investigación acerca de esta gran obra —me dijo. Esto despertó mi interés aún más.

Ya que la historia y la literatura mexicana eran dos de mis grandes pasiones, acepté la recomendación del profesor Iduarte. Él se quedó contento. Mientras que salía de su oficina, me dijo: —Estoy seguro de que te encantará leer los *Episodios*, Panchito. Yo los leí cuando estaba en la preparatoria. Despertaron mi interés por la historia.

El sábado por la tarde, Laura y yo fuimos a la Librería Américas en Manhattan para buscar un ejemplar de los *Episodios nacionales mexicanos*. No tenía muchas esperanzas de encontrarlo porque la primera edición estaba agotada, y según el profesor Iduarte, la única otra edición, publicada en 1945, era escasa.

Yo había visitado la librería varias veces para comprar libros para mis clases. El viejo lugar olía a humedad y tenía estanterías que cubrían toda la pared y estaban repletas de montones de libros, muchos de los cuales estaban cubiertos en polvo. Había montones y montones de libros de bolsillo y libros de tapa dura en todas partes, hasta en los pasillos, lo cual hacía difícil moverse. Parecía que no estaban en ningún orden particular. Sin embargo, el señor Molina, el dueño, parecía saber exactamente qué libros tenía y, en general, dónde estaban colocados. Le pregunté si tenía *Episodios*.

"Búsquelo. Creo que tengo un ejemplar", me dijo. "En un momento lo atiendo". Se ajustó los pantalones guangos, se arremangó las mangas de la camisa, y se trepó encima de una pila de libros para poder alcanzar el volumen que un cliente impaciente buscaba en el estante superior. Había varias personas delante de nosotros que también lo estaban esperando.

Laura y yo comenzamos nuestra búsqueda. Pasamos un largo rato buscando entre cientos de libros empolvados, pero no encontramos nada. Al fin, el señor Molina se unió a nuestra búsqueda.

—Sé que están por aquí —nos dijo.

Varios minutos más tarde, escuché la voz tenue de Laura que venía desde detrás de una estantería aislada y alta:

—E-pi-so-dios na-cio-na-les...

—Estás bromeando? No juegues conmigo —le dije, en voz alta.

Ella regresó con una sonrisa de oreja a oreja y tenía en las manos el primer volumen de *Episodios*. Ella había encontrado la segunda edición del libro de bolsillo en catorce volúmenes, publicada en 1945. Laura y yo nos abrazamos.

—No sé quién está más contento, usted o su esposa —dijo el señor Molina, riéndose.

Compré la colección por treinta dólares. Esa tarde leí la primera mitad del primer volumen, anoté mis apuntes en los márgenes y subrayé pasajes.

Era sólo el comienzo.

Una nueva vida

Encajó nuestra idea de iniciar una familia a los dos años de casados después de que yo aprobara los exámenes de doctorado. Me ascendieron a instructor de tiempo completo en la Facultad de Estudios Generales con la recomendación de los profesores Tudisco y Redondo de Feldman, lo cual duplicó mi salario y me permitió ser elegible para el alojamiento cerca de la Universidad que se les ofrecía a los profesores de Columbia. Además, mi madre y mis hermanos estaban en mejores condiciones financieras. Trampita regresaba a casa sano y salvo del ejército; Torito había terminado dos años de estudio en Hancock College y seguía trabajando como conserje mientras asistía a Cal Poly en San Luis Obispo, California; mi madre ahora tenía empleo en el Hospital St. Mary como auxiliar de enfermería; y Rubén y Rorra asistían a la escuela secundaria y trabajaban en el campo los fines de semana. La salud de mi padre mejoraba. Por fin había ido al médico por sus problemas estomacales y le quitaron un tumor del tamaño de un huevo de su intestino grueso. Aunque todavía sufría de dolores de cabeza y problemas de espalda, encontró la fuerza para ayudar a tía Chana y a su esposo a vender materiales de albañilería desde su corral. Para Laura y mí, ya estaba a nuestro alcance tener un hijo sin tener que trabajar fuera de casa los dos, y seguiríamos apoyando a mi familia lo más que pudiéramos. Laura dejó su puesto de maestra en la Escuela Secundaria Notre Dame al final del año escolar, y ese verano nos mudamos al barrio Upper Manhattan. Yo ya no tenía que viajar tres horas al trabajo cada día.

Dejamos atrás una isla verde y tranquila y nos mudamos a una que era ruidosa, sucia y densamente poblada y que estaba cubierta de concreto. Allí estábamos rodeados de estudiantes, profesores, y de pobres y ancianos que vivían en torres de apartamentos de alquiler controlado. Era peligroso caminar solo de noche en Broadway entre las calles 116 y 96. Los letreros en la entrada de Morningside Park decían: "ZONA DE ALTA CRIMINALIDAD. ENTRE BAJO SU PROPIO RIESGO".

Nuestro nuevo hogar era un apartamento en un edificio de cuatro pisos en 608 West 113th Street, situado entre Broadway y Riverside Drive. Medía aproximadamente 500 pies cuadrados y estaba en la planta baja, a poca distancia de la entrada de dos puertas del edificio. Tenía una cocinita, un baño, y una sala que había sido dividida en dos para formar una alcoba. La alcoba tenía una ventanita, la cual tenía de vista la pared de ladrillos rojos del edificio de al lado, y una puerta que salía a un patio trasero de cemento que tenía tantas grietas que parecía un mapa de rutas gris. La ventana de la sala, la cual tenía barras de seguridad enganchadas, tenía de vista el lado trasero de un edificio alto de apartamentos que hacía sombra como una tenebrosa nube oscura.

Laura y yo limpiamos el apartamento y lo dejamos lo más impecable que pudimos. Ella limpió las paredes grasientas de la cocinita, la estufa, las repisas y la cubierta, y yo refregué el inodoro con un limpiador y una lana de acero. Le pedí prestado a la oficina de mantenimiento de la universidad una máquina limpia suelos y, para nuestra sorpresa, debajo de la mugre había un lindo suelo de corcho marrón oscuro. Laura forró los estantes de la cocina y cubrió el área detrás de la estufa con papel de diseño floral, y rellenamos los huecos alrededor de las pipas de agua con lana de acero extrafina para evitar que entraran las cucarachas.

Dos semanas después de estar en nuestro hogar, el diez de julio, Laura llegó a casa después de ver al médico. Tenía una sonrisa radiante.

—¡Estoy embarazada! La prueba dio positivo. ¡Vamos a tener un bebé! —No se podía quedar quieta.

—¡Vamos a tener un bebé! —grité de emoción.

Laura y yo nos abrazamos y nos besamos y brincamos de alegría como niños en un trampolín. Yo estaba envuelto en pura felicidad.

—Me pregunto cómo se verá nuestro bebé —dije después de calmarme—. Ojalá que tenga ojos grandes y cafés como los tuyos. —Sentí una inmensa pasión de cariño y amor por ella y nuestro hijo.

Inmediatamente les llamamos a nuestras familias para contarles la gran noticia. Y más tarde ese día, les envié una carta a los abuelos de Laura: "Cuando Laura me contó que esperaba un bebé", les escribí, "parecía que había estado en el paraíso... La idea de ser el padre de su hijo me hace sentir muy orgulloso y feliz".

Después de considerar varios nombres en español, escogimos dos: Cecilia si era niña y Francisco Andrés si era niño, en honor a mi padre y al profesor Andrés Iduarte.

No hubo problemas en el embarazo de Laura. Tenía energía y entusiasmo interminables para hacer cosas. Tomó una clase de costura en la Iglesia Riverside y cosió su propia ropa de maternidad y unas cortinas para las ventanas. Ella se encargaba de los quehaceres de la casa y también de las finanzas mensuales. Les enviaba dinero a mi madre y mi padre y guardaba veinticinco dólares en nuestra cuenta de ahorros siempre que fuera posible. Ella cocinaba platillos especiales para algunos de mis estudiantes que no podían regresar a casa durante las vacaciones navideñas, y me leía en voz alta artículos académicos para la investigación de mi tesis cuando estaba demasiado cansado para hacerlo yo. En algunas ocasiones el profesor Iduarte y su esposa, Graciela, también venían a la casa a cenar, y a veces nos invitaban a su casa junto a la profesora Redondo de Feldman y su esposo, Kenney.

El lunes, ocho de marzo de 1971, estaba profundamente dormido cuando de repente sentí que Laura quitaba nuestras sábanas.

—¿Qué pasa? —le pregunté, al frotarme los ojos con la mano y mirar el reloj. Eran las seis de la mañana.

—Creo que ya es hora —dijo ella.

Salté de la cama, prendí la luz y me empecé a vestir de inmediato.

—Voy a llamar a un taxi mientras que te arregles.

—No llames a un taxi. Vamos a caminar. —dijo ella—. El hospital está a sólo tres cuadras de aquí.

—Sí, tres cuadras bien largas.

Nos abrigamos y salimos de inmediato por la puerta. Hacía un frío terrible. Caminamos cautelosamente en una banqueta cubierta de nieve por media cuadra hasta la esquina de la Calle 113 y Broadway, donde, a pesar de las objeciones de Laura, paré un taxi.

—Al Hospital de Mujeres St. Luke's. Está entre la Calle 114 y Ámsterdam —le dije al taxista.

El taxista hizo una mueca.

—Sólo está a dos cuadras —dijo, entre los dientes.

Después de admitirla, pusieron a Laura en la sala de maternidad. La acompañé y la apoyaba mientras las contracciones venían más y más seguidas. La obstetra de Laura, la Dra. Panayotopoulos, una mujer con una presencia fuerte, venía a ratos a revisar el progreso de Laura. La espera se nos hizo eterna. Por fin, a las seis y media de la tarde, la llevaron a la sala de partos. La Dra. Panayotopoulos me dio una mascarilla y una bata y me pidió que me las pusiera y que me saliera al pasillo. "Lo llamaré cuando esté lista para dar a luz", dijo.

Esperé impacientemente, recorriendo los pasillos de un lado para otro con ansias. Seguía mirando mi reloj, preguntándome por qué se estaban tardando tanto. ¿Acaso estaba bien?

Después de veinte minutos eternos, salió la Dra. Panayotopoulos de la sala de parto. "Ya puede entrar. ¡Felicidades! Es niño", dijo. Yo estaba eufórico, pero confundido y decepcionado que no lo vi nacer. "Lamento muchísimo no haberlo llamado antes. Se me olvidó que estaba aquí afuera esperando", añadió cuando notó mi perplejidad y mi desagrado.

Me venció la felicidad cuando miré a Laura acostada en la cama con nuestro bebé recostado en su pecho. Se veía muy cansada, pero radiante y contenta.

—Es nuestro hijo ¿No es hermoso? —dijo ella. El niño tenía unas piernas pequeñitas, un torso largo y una cabecita cubierta de pelo rojo.

—Lo es —contesté. Sentí un amor inmenso que jamás había experimentado antes. Laura y yo nos besamos y lloramos de felicidad. Nuestras vidas habían cambiado para siempre.

Traspasar los límites

Aunque no pude escribir mi tesis sobre la literatura mexicoamericana, tuve la oportunidad de explorar este tema cuando unos estudiantes de Columbia College vinieron a mi oficina y me pidieron que les ofreciera un curso sobre literatura y cultura mexicoamericanas en el otoño. Muy emocionado con la posibilidad, les dije que tendría que averiguarlo con la administración y que estaba dispuesto a guiarlos en sus proyectos de investigación solamente por medio de un seminario o un curso de estudio independiente porque yo no era experto en aquel tema. "Será un esfuerzo colectivo", les dije. "Aprenderemos juntos". Ellos estuvieron de acuerdo, y estaban entusiasmados para inscribirse en el curso.

Basado en la plática que había tenido con el profesor Iduarte, anticipé que habría resistencia de la administración, así que me esforcé mucho para diseñar el programa de estudios del curso.

Me reuní con la profesora Redondo en su oficina, y hablamos del plan de estudios y la idea detrás del nuevo curso. Al principio, parecía estar reacia porque tenía programado que yo enseñara una clase de español intermedio y un curso introductorio de la literatura española.

—Déjeme revisar el programa —dijo ella. Esto era una buena señal—. Creo que podemos hacer algunos ajustes —añadió, mirándome por encima de los lentes y sonriendo.

—No sé cómo agradecérselo, profesora —le dije—. Los estudiantes van a ponerse muy contentos.

—No debe contar con eso todavía —dijo ella—. Tengo que entregarle el plan al profesor Michael Riffaterre para que lo apruebe. Tengo una cita con él mañana por lo mañana. Lo hablaré con él entonces.

Michael Riffaterre era un profesor de francés en el Departamento de Filología Francesa y Románica, y servía como el director interino del Departamento de Español.

Al siguiente día, fui a ver a la profesora Redondo de Feldman para averiguar la decisión.

—No parecía muy convencido —dijo ella—, pero dijo que lo iba a pensar y que luego nos daría una respuesta.

—Muchas gracias, profesora —le dije. Estaba decepcionado, pero no estaba sorprendido, y mantuve algo de esperanza.

Dos días después recibí una carta del profesor Riffatere en el correo del campus. Decía:

*Después de consultarlo con mis colegas, me gustaría
informarle que el Departamento de Español le permitirá
enseñar en su propio tiempo y sin compensación finan-*

ciera un curso sobre la literatura de los mexicoamerica-
nos.

   No se le asignará ningún crédito académico a este
curso y no será incluido en nuestro boletín oficial. Estoy
seguro de que usted entiende que estas restricciones son
recomendables debido al carácter muy provisional de este
experimento. Sin embargo, no tengo duda de que la mejor
esperanza para su posible éxito es el hecho de que usted
lo va a enseñar.

Me alegró que apoyara el curso, pero me molestaban las condiciones impuestas, las cuales interpreté como una forma de desanimarme. De inmediato le envié mi respuesta en el correo del campus, con copia a la profesora Redondo, al profesor Iduarte y al rector de la universidad. Escribí:

   Gracias, profesor Riffatere, por aprobar el curso. Acepto
todas sus condiciones excepto una: que al curso no se
le asignará ningún crédito académico. Siento que es
injusto esperar que los estudiantes hagan el trabajo sin
darles crédito. Se lo agradecería si reconsiderara esa
restricción.

La profesora Redondo y el profesor Iduarte me llamaron para decirme que habían leído mi carta y que se habían puesto en contacto con el decano de Columbia College para aconsejarlo que aprobara el crédito académico para mi curso.

"Gracias", les dije. "Su apoyo, sin importar el resultado, significa mucho para mí".

Dos días después recibí una copia de la carta que Michael Rosenthal, el decano asociado, le escribió al profesor Riffatere. Decía:

> Como ha habido mucha confusión con la creación de un curso de estudios independientes por los estudiantes chicanos con el señor Jiménez este semestre, creo que es razonable poner en escrito mi entendimiento actual. Estoy completamente a favor de que el señor Jiménez apoye a los estudiantes con una asignatura de estudio independiente sobre la literatura mexicoamericana, y que el plan de estudios, las calificaciones y los proyectos específicos estén todos bajo su jurisdicción. Este curso valdría tres créditos y se incluiría en la categoría ya existente Seminario Latinoamericano C3812y. Se harán arreglos especiales para que este curso valga tres puntos en vez de los cuatro que están apuntados en el catálogo. Si el señor Jiménez me envía una lista de los estudiantes, yo me encargaré de eso.
>
> Espero que esto tenga algo de relación a lo que ocurrirá de verdad. Gracias por lidiar con tantos problemas innecesarios.

Me sentía insultado por el tono cínico de la carta, especialmente el último párrafo, pero me agradó el resultado final. Fui a ver al profesor Iduarte y a la profesora Redondo de Feldman para compartirles la noticia y para agradecerles personalmente por su ayuda.

Aunque enseñé la clase de literatura mexicoamericana en mi propio tiempo y sin recibir ninguna compensación financiera, las recompensas fueron muchas. Aparte de trabajar con estudiantes talentosos y aprender de ellos, hice investigaciones acerca de las fuentes y los temas de las obras en esta área. Me enfoqué en el Teatro Campesino, la compañía teatral de chicanos fundada por Luis Valdez en 1965 para apoyar a la lucha de César Chávez para sindicalizar a los trabajadores agrícolas. Además, yo y mi amigo Gary Keller fundamos *The Bilingual Review/La revista bilingüe,* una revista académica y literaria. Aunque se enfocaba principalmente en el bilingüismo, la publicación también servía como medio para los escritores cuyas obras literarias se enfocaban en temas hispanos particularmente relacionados a la vida de los hispanos en los Estados Unidos.

Al final del otoño me reuní con el profesor Iduarte por tercera vez ese semestre para hablar de las investigaciones de mi tesis.

—¿Cómo están Laura y Pancholín? —me preguntó.

El profesor Iduarte le puso el apodo Pancholín a nuestro hijo porque Pancho es el apodo de Francisco y "lín" sonaba italiano y musical.

—Están bien, gracias. Pancholín tiene mucha energía y ya está empezando a gatear. Le gusta cuando lo ponemos en la carriola y lo llevamos a pasear por el campus. Le encanta estar rodeado de gente.

—Me alegra saberlo —me dijo—. Parece que salió a su mamá.

Tomó una pausa y cambió su enfoque a mis investigaciones.

—Tengo algo de información que te ayudará con tu tesis —dijo. Metió la mano a su escritorio, sacó un pedacito de papel doblado, me lo entregó, y añadió:

—Esta es la dirección de la nieta de Salado Álvarez en la Ciudad de México. Ella tiene todos sus documentos. Ya le he escrito acerca de ti y de tu investigación. Deberías ponerte en contacto con ella.

—Lo haré, gracias —le dije.

—Por cierto, la profesora Redondo compartió conmigo algo que escribiste para su clase de Expresión y Estilo Avanzado acerca de un niño migrante que deseaba recibir una pelotita roja para la Navidad. Es muy conmovedor.

—Gracias —le dije, sintiéndome sentimental y orgulloso—. Está basado en mi propia experiencia.

—Ya me lo imaginaba. —Se inclinó hacia delante, y añadió—: Cuéntame más de esas experiencias.

Brevemente le conté de cruzar la frontera ilegalmente en familia, de trabajar en el campo y faltar a la escuela, la enfermedad de mi padre, y el trabajo de conserje que le dejé a mi hermano menor para que, junto con la ayuda financiera, yo pudiera asistir a la Universidad de Santa Clara, en donde obtuve unos empleos de tiempo parcial para pagar mis gastos personales y para enviar dinero a casa.

—Esto es fascinante. Deberías escribir tu historia y publicarla —me dijo enfáticamente. Colocó la mano sobre mi hombro, me dio con una mirada intensa y cariñosa, y recalcó—: Tienes que hacerlo.

Su consejo me conmovió y me sorprendió.

—Cuando estaba en la universidad, empecé a anotar los recuerdos de mi niñez —le dije—, pero no he escrito nada sistemáticamente.

—Eso es un buen comienzo —dijo, al sacar de su estante un libro pequeño titulado *Un niño en la Revolución Mexicana*—. Es una autobiografía de mi niñez durante la Revolución Mexicana —me explicó—. Vivía con Rómulo Gallegos y Gabriela Mistral y otros escritores españoles en medio de la Guerra Civil Española cuando la comencé a escribir.

Tomó su pluma, firmó el ejemplar y me lo entregó.

—Ten. Espero que esto te motive a escribir tu propia historia.

Su regalo y sus consejos me conmovieron profundamente. Él me recordaba a mi maestra de inglés en el segundo año de la escuela secundaria, la señorita Bell, quien me dijo que yo tenía un don de escribir después de leer un ensayo que yo había escrito acerca de Trampita, mi hermano menor.

Gracias al apoyo del profesor Iduarte, volví a mis apuntes y revisé dos ensayos, "Muerte fría" y "Un aguinaldo". Mientras escribía, me di cuenta de que mi historia no era única.

Había muchas familias, y sus hijos que habían pasado por experiencias parecidas a las de mi familia.

Luego me acordé del discurso de César Chávez, al final de la marcha a Sacramento, acerca de la justicia y la dignidad humana. "Si estás indignado por las condiciones, entonces es imposible sentirte libre o feliz hasta que dediques todo tu tiempo a cambiarlas y a no hacer nada más que eso", dijo. "La lucha por la justicia social me parece ser una de las maneras más profundas en la cual un hombre afirma la dignidad humana y, en realidad, eso significa el sacrificio. La mejor fuente de poder, la mejor fuente de esperanza, viene directamente de ustedes, el pueblo".

Cuando primero escuché ese discurso, miré la pancarta de la Virgen de Guadalupe y, como sentía por dentro el dolor y el sufrimiento de los trabajadores migrantes, me pregunté, "¿Qué puedo y debo hacer en esta vida para ayudarlos?". En ese entonces no encontré la respuesta. Pero ahora sí. Escribiría para relatar parte de la historia de mi familia y, aún más importante, para documentar las vidas de muchas familias migrantes del pasado y el presente y sacar a luz su lucha.

Le envié dos cuentitos a *El Grito: Journal of Contemporary Mexican-American Thought*, una revista literaria que publicaba Quinto Sol Publications en Berkeley, California. Me topé con ella cuando hacía investigaciones en preparación para la clase de la literatura mexicoamericana. También escribí el borrador de otro cuento, "La mudanza", la cual después titulé "Cajas de cartón".

Laura y yo estábamos extáticos cuando recibí una carta del editor en la que me informaba que ambas obras habían sido aceptadas para ser publicadas en *Prosa Chicana Contemporánea / Contemporary Chicano Prose*, una edición especial de *El Grito*, que también incluía obras de Rudolfo Anaya, Rolando Hinojosa, Estela Portilla de Trambley y Tomás Rivera. La edición estaba programada para ser publicada en la primavera del próximo año. Esa maravillosa noticia me dio confianza y fortaleció mi deseo de seguir escribiendo ensayos autobiográficos. Sin embargo, al tener en cuenta de que hacía falta tener un doctorado y producir un cuerpo de publicaciones académicas si quería ejercer mi profesión en Columbia o en cualquier otro lugar, puse a un lado la escritura de la historia de mi niñez y me enfoqué en completar mi tesis.

En mano

A principios de verano, cuando Pancholín tenía tres meses, visitamos a la familia de Laura y la mía para que lo conocieran y para bautizarlo. Roberto y Darlene, quienes nos hicieron el honor de ser los padrinos, se encargaron de todos los arreglos para la ceremonia religiosa en la Iglesia Católica de Santa María de la Asunción en Santa María y dieron la recepción en su casa para la familia y amigos. Todos, especialmente mi madre, consentían a Pancholín. Ella estaba fascinada con su pelo grueso y rojo oscuro.

—Tal vez se parece a tu papá cuando era niño —dijo mi madre, sentada en un sofá con Pancholín en sus brazos—. Le decían "el güero".

—Me acuerdo de que papá nos contó de eso —le dije—, pero creo que Pancholín se parece más a Laura. Tiene los ojos grandes, las pestañas largas y los labios delgaditos.

Mi madre miró fijamente a Pancholín y luego volteó a ver a Laura, que estaba sentada en frente de ella.

—¿Sabes qué? Creo que tienes razón —dijo.

Durante nuestra visita de cuatro días a la casa de mi hermano y su esposa, Laura y yo nos divertíamos con su lindo hijo de dieciocho meses, Robert Anthony, y sus hermosas hijas, Jackie, Angela y Laura. Ellas eran cercanas en edad y jugaban juntas. Al mirarlos, empezamos a pensar en la idea de tener otro niño en uno o dos años. Queríamos que nuestros hijos crecieran juntos para que tuvieran buenos recuerdos el uno del otro con el paso de los años.

Laura y yo regresamos a Nueva York al final de junio. Me habían nombrado para servir un plazo de dos años en el Comité de Becas en la Facultad de Estudios Generales, que se reunía a principios de julio por cinco días consecutivos. Después de terminar la tarea de seleccionar a los ganadores de la beca, pasé el resto del verano trabajando en mi tesis doctoral en mi cubículo en Lewisohn Hall, un edificio con aire acondicionado. Laura traía a Pancholín a mi oficina en una carriola para escapar el calor sofocante y húmedo de nuestro apartamento. Mientras estaba despierto, ella lo entretenía, y cuando dormía, leía por placer.

Dediqué la mayor parte de mi tiempo ese año académico a enseñar y escribir y servir en el Comité de la Casa Hispánica, que traía a muchos académicos y escritores reconocidos, como Enrique Anderson Imbert, Jorge Luis Borges, Octavio Paz y Mario Vargas Llosa a dar ponencias o lecturas en la Casa Hispánica.

Fue una experiencia solitaria y aislante trabajar en la tesis en mi oficina todos los días entre clases y las reuniones de los comités y los fines de semana. Y aunque disfrutaba de investigar, aprender y descubrir nuevas ideas, me sentía culpable por no pasar más tiempo con mi familia.

Siempre tenía muchas ganas de volver a casa por las noches después del trabajo para ver a Laura y Pancholín. Igual si fuera un día muy ocupado y estresante, siempre me hacían sentir mejor. Me encantaba ver lo alegre que se ponía Pancholín cuando Laura y yo le sonreíamos. Lo levantaba y lo abrazaba, lo besaba y le hacía cosquillitas. Su risita vigorosa me endulzaba el corazón, y cuando se acostaba en mi pecho y me acariciaba el hombro distraídamente con su manita, me sentía bendecido.

El siguiente verano, a principios de julio de 1972, recibimos noticias maravillosas: Laura estaba embarazada. Estábamos igual de jubilosos en ese momento como cuando supimos que estaba embarazada de Pancholín, y también lo estaban nuestras familias, amigos cercanos y colegas. La fecha probable de parto era en la primera semana de febrero. Escogimos los nombres de Cecilia por si fuera niña y Miguel Antonio por si fuera niño.

La profesora Redondo de Feldman vino a mi oficina y me dio una tarjeta de felicitaciones firmada por todos del departamento. "Con una familia que va creciendo, se necesita un apartamento más grande", dijo. Estuve de acuerdo, y le dije que no había opciones con la escasez de apartamentos y los alquileres altos. Ella procedió a decirme que su amigo Leonardo de Morelos, quien había enseñado en Columbia College durante muchos años, se había jubilado, y que él y su esposa deseaban subarrendar su apartamento grande y amueblado por un año. Iban a regresar a México, su tierra natal, pero no estaban seguros si se iban a quedar o no, así que querían quedarse con el apartamento.

—Está justo en frente de Columbia. ¿Le interesa? —preguntó ella.

—Por supuesto —dije—. Gracias por decirme. Sería ideal si pudiéramos conseguirlo.

—Ya les hablé a Leonardo y a su esposa sobre usted y Laura y Pancholín —dijo—. Creo que ya puede contar con eso.

Laura se emocionó mucho cuando le conté, y fuimos a ver al profesor de Morelos en su apartamento en el quinto piso de 438 West 116th, en la esquina de la Avenida Ámsterdam. Me llevé a Pancholín en una mochila portabebés. El profesor de Morelos era un hombre bajo que tenía un poco menos de setenta años. Nos dijo que su esposa ya se había ido a México, y nos mostró el apartamento en seguida. Tenía dos habitaciones, una sala de estar con pisos de madera y ventanas grandes, una cocina espaciosa y totalmente equipada, baño y tina, y un amplio estudio con estantes empotrados y un escritorio. La vista desde el estudio era la esquina oeste de Hamilton Hall y la entrada a College Walk, la calle principal que atraviesa el campus central. La vista panorámica desde la sala de estar era de la Facultad de Derecho de Columbia.

Al anticipar mi pregunta sobre el alquiler, de Morelos dijo:

—El pago mensual es de sólo ciento setenta y cinco dólares. Es bajo porque se controla el alquiler. Vivimos aquí desde 1954.

A pesar de que $175 eran quince dólares más por mes de lo que pagábamos por nuestro apartamento en la Calle 113, Laura y yo pensamos que podríamos manejar el gasto adicional. Firmamos el contrato de arrendamiento por un año, nos mudamos a nuestro nuevo hogar a fines de julio, y les prometimos a los de Morelos que cuidaríamos bien de su apartamento y sus pertenencias mientras ellos estuvieran en México.

Una vez que nos habíamos acomodado, dos semanas después del comienzo del semestre de otoño, me reuní con el profesor Iduarte en su oficina para analizar el cuarto y último capítulo de mi tesis, que yo le había enviado a principios de septiembre cuando él había regresado de sus vacaciones de verano en México.

—El capítulo cuatro es de primer nivel, al igual que los otros tres capítulos —dijo el profesor Iduarte, entregándomelo—. Has terminado. Felicidades.

Yo estaba encantado, pero me quedé pasmado por lo que dijo después.

—Deberías prepararte para defender tu tesis este noviembre. Ya he estado pensando en unir el comité revisor de la tesis.

No podía creerlo. Sentí mi cara enrojecerse. No sabía qué decir.

—¿Qué pasó? —preguntó, echándome una mirada perpleja—. ¿No estás complacido?

—Pues, sí —dije—. ¡Gracias! Es sólo que... es demasiado pronto. Pensaba defenderla al final del semestre de primavera.

—Puedes hacerlo en noviembre, Panchito —dijo—. Te convendría. Si terminas con todo este semestre, te van a ascender a profesor asistente a principios del próximo año, en enero.

Apreciaba el entusiasmo del profesor Iduarte y su confianza en mí. Y aunque me sentía más estresado, estaba de acuerdo con él, y escogí la fecha y la hora para la defensa de mi tesis: el 20 de noviembre a las diez de la mañana.

Cuando llegué a casa, Laura estaba acurrucada en el sofá con Pancholín que dormía en sus brazos. Les di un beso a los dos y le conté a ella sobre mi conversación con el profesor Iduarte.

—Significa que voy a estar trabajando en mi oficina aún más por las tardes y los fines de semana, y pasando menos tiempo en casa contigo y con Pancholín durante las próximas semanas —le dije, disculpándome.

—Qué buena noticia lo de tu tesis —dijo—. Por favor, no te preocupes por nosotros. ¡Podemos hacerlo!

Durante las siguientes tres semanas trabajé más que nunca, revisando la tesis y haciendo cambios finales. La escribí a máquina de acuerdo con las normas del formato de la universidad para las tesis doctorales, hice cinco copias y se las entregué al profesor Iduarte, quien las distribuyó a los miembros del comité para ser revisadas.

La noche del 19 de noviembre, el profesor Iduarte me llamó a mi casa para ver cómo estaba. "No te preocupes, Panchito. Relájate y duerme bien. Vas a salir muy bien".

Sus palabras alentadoras calmaron mis nervios, pero pasé una noche inquieta.

A la mañana siguiente me sentía tenso. Después de un desayuno ligero, hojeé mi copia de la tesis, pensando en las preguntas que me podría hacer el comité. La puse en mi maletín y me despedí de Laura y Pancholín con un beso.

—Haz lo mejor que puedas —dijo Laura, dándome un largo y cálido abrazo. En camino a la sala de conferencias del Departamento de Español en Philosophy Hall, le recé a la Virgen de Guadalupe.

La puerta de la sala de conferencias estaba abierta cuando llegué. Los cinco profesores que formaban el comité revisor de la tesis estaban sentados a la mesa, cada uno con una copia de la tesis delante de él. El profesor Iduarte me saludó y me señaló para que me sentara en la silla al final de la mesa, más cerca de la entrada. Me presentó a dos miembros del comité del examen a quienes no había conocido: Harold Ferrar, profesor asistente de inglés, y Richard Hofstadter, profesor de historia. Los otros dos miembros, aparte del profesor Iduarte, eran Gonzalo Sobejano y Frederick Jungemann. (El profesor Shearer se había jubilado).

Desde el principio, el profesor Hofstadter, que presidió el comité, estableció un tono amistoso y positivo. Él comenzó la reunión informándome que el comité ya se había reunido antes para discutir mi tesis. "Debe saber que hay consenso entre nosotros de que su tesis es excelente", dijo, con una leve sonrisa. "Así que las sugerencias que le vamos a dar tienen la intención de ayudarlo a preparar su trabajo para la publicación".

Al escuchar estas palabras, sentí una carga increíblemente pesada levantarse de mis hombros. Durante la siguiente hora y media respondí a sus preguntas generales y específicas que se enfocaban en cada capítulo, y anoté sus recomendaciones para mejorarla. Al final, el profesor Hofstadter y el resto del comité me felicitaron. Le di las gracias a cada miembro del comité, dándoles la mano. El profesor Iduarte me acompañó hasta la puerta y me dijo, "Felicidades, Panchito, me siento muy orgulloso de ti. Celebraremos más tarde".

Me apresuré a casa para decirle a Laura que lo habíamos logrado. Pancholín y ella me sorprendieron con un pastel de chocolate. Tenía escrito a mano: "Felicidades, Dr. Jiménez". También me regaló dos álbumes, *Sounds of Silence* y *Bridge Over Troubled Water*, de Simon y Garfunkel, cuyas canciones yo había disfrutado en la radio durante mis estudios de posgrado en Columbia.

Media hora más tarde, el profesor Iduarte y Graciela y la profesora Redondo de Feldman se unieron a nuestra celebración. El profesor Iduarte trajo una botella de champaña, y la profesora Redondo me dio, de parte del Departamento de Español, una estatuilla de porcelana de Lladró de Don Quijote parado y sosteniendo una espada. Les di las gracias y les dije que me sentía afortunado y bendecido. "El doctorado les pertenece a ustedes, a mis profesores y amigos, y a Laura y a mi familia", dije.

Durante el resto del día, me sentía como si estuviera en un sueño. Se me hacía difícil creer que después de seis largos años difíciles en la escuela de posgrado, por fin había terminado. Recordé con una sonrisa a mi madre que me preguntaba, año tras año, "¿Cuándo terminarás la escuela, mijo? ¡Has estado en la escuela por tanto tiempo!". Luego pensé en mi padre, que, como mi madre, había trabajado en el campo todos los días de sol a sol para darnos una vida mejor. Después de haber completado mi doctorado, sentí que había honrado, en cierto modo, los sacrificios de mis padres y en parte cumplido sus sueños. Esa noche le escribí una carta a mi padre para darle las buenas noticias y darle las gracias. Le escribí una carta similar a mi madre. Laura y yo incluimos en las cartas una foto de Pancholín. Llamé a Roberto y a Darlene y les di las gracias también.

Mi doctorado fue confirmado oficialmente el 23 de noviembre de 1972, en el Día de Acción de Gracias.

Una maravilla

El nuevo año comenzó con muchos dones: me ascendieron a profesor asistente y, lo más emocionante, nuestro segundo hijo pronto iba a nacer.

Laura se unió a una cooperativa de cuidado infantil con los vecinos de nuestro edificio. Se hacía cargo de Lisa, una niñita de la edad de Pancholín, cuyos padres eran abogados y vivían al lado. Bert, la madre de Lisa, y Laura intercambiaban las horas de cuidado; Bert cuidaba a Pancholín cada vez que Laura asistía a las clases de Lamaze en el Hospital St. Luke's o cuando tenía cita con su doctor, Gerard De Catalogne, un hombre fino, amable y cortés que había emigrado de Haití a los Estados Unidos.

A medida que se acercaba la fecha probable de parto, el 4 de febrero, me apresuraba para llegar a casa después de mis clases. Las clases del semestre de primavera habían empezado el lunes, 22 de enero. Enseñaba los lunes, miércoles y viernes temprano por la tarde y los martes y jueves por las noches. Me preocupaba constantemente mientras estaba en clase que no llegara a tiempo a casa para llevar a Laura al hospital. Afortunadamente, a finales de enero, Wanda, la madre de Laura, llegó por avión a Nueva York para ayudarnos con Pancholín y, cuando naciera, el nuevo bebé. Recé para que el parto cayera en un fin de semana, cuando yo estuviera todo el día en casa.

Un sábado nublado y frío por la tarde, el 3 de febrero, llegué a casa, después de haber ido a la oficina de correos, y encontré a Laura sentada en el sofá, inclinada un poco a la derecha. Wanda estaba sentada en una silla en frente de ella. Pancholín dormía la siesta. Antes de que tuviera la oportunidad de preguntarle a Laura cómo estaba, ella dijo:

—Ya empecé a tener los dolores de parto, pero creo que es demasiado temprano para ir al hospital.

—Creo que deben irse ya —dijo Wanda, nerviosamente y echándome un vistazo para que la apoyara.

Me senté junto a Laura y le sobé la espalda.

—Estoy de acuerdo con Wanda. Deberíamos irnos —dije.

—Esperemos sólo un poquito más —respondió Laura, con calma. Acomodó su cuerpo a la izquierda, buscando una posición más cómoda.

Media hora más tarde sus contracciones eran más frecuentes.

—Creo que ya es hora de irnos —dijo Laura.

De inmediato me paré y tomé la mano de Laura para ayudarla a pararse. Wanda me ayudó a ponerle su imper-

meable azul marino y bufanda negra. Al salir, Laura y yo nos
asomamos al cuarto de Pancholín, nos agachamos y le dimos
un besito.

—Pronto tendrás un hermanito o hermanita —susurré.

Laura y yo salimos de puntitas de su cuarto, le dijimos
adiós a Wanda, y nos dirigimos al Hospital St. Luke's, a una
cuadra de nuestro apartamento. Laura se apoyó en mi brazo
mientras caminábamos por la Avenida Ámsterdam. Después
de registrarnos en la recepción, se llevaron a Laura a la sala de
partos. Me dieron una bata anaranjada de hospital para que
me la pusiera y me pidieron que esperara afuera. Dentro de
pocos minutos las puertas se abrieron de golpe, y salió una
enfermera empujando una camilla con Laura acostada en ella.
Se veía preocupada.

—¿Qué pasa? —le pregunté, con pánico.

—Laura está lista para dar a luz —dijo la enfermera—.
Le llamé al Dr. De Catalogne. Viene en camino. Está en
Brooklyn.

Una segunda enfermera se juntó a empujar la camilla
rápidamente por el pasillo, dentro del ascensor y hasta el
séptimo piso a la sala de partos. Las seguí justo detrás de
ellas, resuelto a ver nacer a nuestro bebé. Una vez en la sala
de partos, las enfermeras la prepararon, y el Dr. Casanova, un
residente puertorriqueño, le dio instrucciones mientras yo la
guiaba.

—Cuando sienta ganas de empujar, empuje— dijo.

—Ahora, respira profundamente —le repetía yo muchas

veces, acordándome de los ejercicios de Lamaze mientras sostenía su mano. Esto continuó por más o menos media hora. Volteé a ver el reloj en la pared. Eran las 4:23 de la tarde.

—Uno más, empuje... lo más que pueda —dijo el Dr. Casanova.

Yo podía ver la cabecita del bebé. Cuando Laura empujó otra vez y dio el grito más fuerte y poderoso que yo jamás había escuchado, nuestro bebé nació.

—Es un niño. Felicidades, mamá y papá —dijo el doctor, sosteniéndolo.

—¡Un niño! —grité, temblando de emoción—. Es niño.

—Otro hijo —dijo Laura, sonriendo de oreja a oreja y llorando de alegría. Después de que el Dr. Casanova me dejó cortar el cordón umbilical, la enfermera tomó el bebé, lo bañó y lo acostó en el pecho de Laura.

—Nuestro precioso Miguelito —dijo Laura, acariciándole suavemente el cabello.

—Es hermoso —dije. Miguel Antonio tenía el pelo negro azabache y la piel morena clara.

El Dr. De Catalogne entró; parecía agotado.

—Lo siento mucho —dijo—. Estaba atrapado en el tráfico, pero ya veo que todo está bien.

—Tenía prisa por nacer —dijo el Dr. Casanova, riéndose.

Laura se veía fatigada pero contenta.

—¿Cómo te sientes? —le pregunté, tomándole la mano.

—Tengo escalofríos, pero aparte de eso, estoy bien —dijo, temblando.

Después añadió:

—En realidad tengo hambre; me encantaría comerme una hamburguesa grande y jugosa. Nos reímos.

Mientras salía del hospital rumbo a casa para contarles a Wanda y mi familia la buena noticia, me acordé de las palabras sabias e inolvidables de mi padre en una carta que me había mandado cuando nació Pancholín: "Recuerda lo que te decía. Que los hijos se quieren al par del alma y no hay cosa igual en este mundo como ellos".

Pasos firmes

El haber terminado mi doctorado y ser ascendido a profesor asistente alentaron aún más mi deseo de usar mi educación para ayudar a crear una sociedad más justa e inclusiva. A través de mi enseñanza y mi investigación, seguiría avanzando en el estudio de la literatura y cultura mexicanas y mexicoamericanas en los Estados Unidos. Y por medio de mi escritura continuaría mis esfuerzos para documentar la experiencia del migrante, una parte importante e integral de la experiencia estadounidense. El nacimiento de Miguelito también aumentó mi deseo de darle a mi propia familia una vida segura y estable —diferente a la que viví yo de niño—. Laura y yo anhelábamos regresar a California para criar a Pancholín y a Miguelito cerca de nuestras familias, y lejos de la ciudad dura y bulliciosa.

La posibilidad de que nuestro sueño se realizara se presentó cuando recibí una llamada del padre John Gray, un profesor de inglés y el decano de la Facultad de Humanidades de la Universidad de Santa Clara. Lo había conocido cuando yo era un estudiante en Santa Clara, y Laura había tomado cursos con él en su último año de la universidad. Él quería saber cómo estábamos y cómo iban mis estudios de posgrado. Le conté como crecía nuestra familia, que acababa de terminar mi doctorado, y que me acababan de ascender a profesor asistente. Con gusto me informó que podría estar disponible un puesto en el Departamento de Lenguas y Literaturas Modernas en el otoño.

—¿Le interesa? —me preguntó.

—Sí... muchísimo.

—No le puedo prometer nada —dijo el padre Gray—, pero envíeme su currículum y una carta que indique su interés y su disponibilidad.

De inmediato le pedí a la oficina de servicios profesionales de Columbia, los que se encargaban de todo relacionado con la carrera después de la graduación, que le enviara al Padre Gray mi expediente, el cual contenía el archivo académico de mi educación de posgrado y cartas de recomendación. También le envié una carta de solicitud. Laura y yo rezamos para que yo consiguiera el empleo.

Y así fue. El 29 de abril recibí una carta del profesor Victor Vari, el jefe del Departamento de Lenguas y Literaturas Modernas, en la que me ofrecía el puesto de profesor asistente. "Disculpe la tardanza. Toma tiempo quitar los palos en las ruedas de la administración", escribió él. El profesor Vari había sido mi profesor y mentor en la Universidad de Santa Clara.

Laura y yo estábamos muy emocionados. Nuestro sueño

ya no era sólo un sueño. Nos mudábamos de regreso a California para estar cerca de nuestras familias. Y regresar a mi *alma mater* era lo ideal para mí porque deseaba enseñar en una institución que no sólo valorara la educación y la investigación sino también enfatizara la importancia del desarrollo intelectual, moral, espiritual y social de cada estudiante. En Columbia se le ponía énfasis en la investigación y la publicación y al desarrollo intelectual de los estudiantes.

Acepté la oferta de Santa Clara y le informé a Columbia que me iría después de cumplir con mi compromiso de enseñar en la primera sesión de la escuela de verano, la cual se terminaría en la última semana de junio.

El 16 de mayo, el día después de la ceremonia de graduación de Columbia, el profesor Iduarte y Graciela vinieron a despedirse. Iban a pasar el verano en su casa en la Ciudad de México.

—Allá tienen su casa —me dijo. Escribió su dirección en su tarjeta y me la entregó.

—Espero que nos visiten en California —le dije—. Nuestra casa es su casa también. En cuanto sepamos la dirección, se la enviaremos.

—Me voy a jubilar en dos años —dijo el profesor Iduarte—. De seguro los visitaremos entonces.

—Nos encanta el área de la bahía —dijo Graciela—. Fuimos a San Francisco hace muchos años. Es una de las ciudades más hermosas y románticas que hemos visto.

Tomé fotos del profesor Iduarte y Graciela sentados en

el sofá, con Pancholín en el regazo del profesor Iduarte y Miguelito en los brazos de Laura.

Unos días después, vino la profesora Susana Redondo de Feldman para despedirse. Ella también se iba de vacaciones con su esposo. Como regalo de despedida, nos dio una estatuilla de porcelana Lladró de Sancho Panza. "El juego es completo", dijo ella.

Se lo agradecimos y le prometimos que nos íbamos a mantener en contacto.

Desafortunadamente, la Universidad de Santa Clara no le ofrecía alojamiento al personal académico, y nuestro contrato de arrendamiento del apartamento de los De Morelos se terminaba el último día de junio, con un periodo de gracia de dos días. Laura y yo decidimos que, junto a Pancholín y Miguelito, ella viajaría de regreso a California dos semanas antes que yo. Ellos se quedarían con los padres de Laura, quienes habían ofrecido ayudarla a buscar una vivienda para alquilar lo más cerca posible de la universidad. Yo me reuniría con ellos en cuanto terminara la escuela de verano. Fue una decisión dolorosa, ya que volveríamos a estar separados, pero era la opción más razonable porque así evitaríamos repetir el sufrimiento que vivimos cuando nos mudamos por primera vez a Nueva York y no teníamos un lugar fijo en donde vivir.

Laura y yo empacamos nuestras pertenencias, incluyendo mis libros, en el viejo baúl militar y en cajas de cartón, y las enviamos a la casa de los padres de Laura en San Carlos.

El domingo 17 de junio por la mañana, acompañé a Laura

y nuestros dos hijos al aeropuerto Kennedy. Era una mañana muy ocupada y los pasajeros se apuraban de un lado a otro. Cargué a Pancholín en el brazo izquierdo y nuestra maleta en la mano derecha. Laura cargaba a Miguelito en los brazos. Ya después de facturar la maleta y obtener los pases de abordar, subimos en el ascensor a la Terminal 7. Pancholín no dejaba de darme golpecitos en la cara y señalar con el dedito índice todo lo que veía y preguntaba: "¿Qué es eso? ¿Qué es eso?".

Cuando llegamos a la puerta de embarque, Laura se sentó y yo tomé la mano de Pancholín mientras él presionaba la nariz contra la ventana y se le quedaba viendo asombrado los aviones que despegaban como aves grandes. Mientras lo miraba, de repente se me vino un recuerdo a la mente: yo tenía doce años y pizcaba fresas junto a Roberto y mi padre en Santa María. Nos agachábamos cuando los aviones fumigadores volaban por encima de nosotros y rociaban el campo con químicos que nos irritaban los ojos y los hacían lagrimear por días.

Cuando escuché el anuncio fuerte que el vuelo estaba listo para abordar, sentí un nudo en la garganta. Le di un estirón a Pancholín para que me siguiera a donde estaban sentados Laura y el bebé. Los ojos de Laura se llenaron de lágrimas cuando se paró y me miró de frente. Me entregó a Miguelito, le ajustó la chamarra a Pancholín, agarró su mano y se pusieron en fila. Cuando la azafata tomó sus pases de abordar, le pasé a Miguelito a Laura, besé a los tres, y me despedí de ellos. Mientras bajaban la rampa, podía escuchar a Pancholín llorar:

"¡Papi, quiero a papi!". Me limpié los ojos con la mano, me acerqué a la ventana, y presioné mi frente contra ella mientras miraba el avión rodar de la terminal hacia la pista. Justo antes de que llegara a la pista, se detuvo, y me despedí con la mano, con la esperanza de que me pudieran ver. El avión se volvió a mover, y esta vez aumentó la velocidad hasta subirse millas en el aire y se desapareció entre las nubes esponjosas.

De regreso a Manhattan en el metro, sentía una añoranza intensa en el corazón y un dolor devastador y sofocante en el pecho. Cuando entré al apartamento de los De Morelos, una profunda soledad se apoderó de mí. Ya había sentido la soledad muchas veces antes: la sentí cuando mis padres me dejaban solo en la Carcachita todo el día para que cuidara de mi hermanito mientras que ellos y Roberto iban al campo a pizcar algodón; la sentí cuando, después de que nos deportaron a México y regresamos legalmente, Roberto y yo vivimos solos en el Rancho Bonetti mientras que nuestros padres y hermanos menores se quedaron en México y se reunieron con nosotros meses después (yo tenía catorce años en ese entonces); la sentí cuando dejé la casa para ir a la universidad; y de nuevo durante mis primeros dos años en la escuela de posgrado en Columbia. Pero la soledad que sentía ahora era mucho más profunda, más dolorosa.

Cada día, después de terminar de enseñar mi clase, regresaba a un apartamento silencioso y vacío, lo cual me hacía sentir un nudo y ardor en el estómago.

Lo que me daba vida en esos días difíciles eran las llamadas de Laura, el enseñar y la Virgen de Guadalupe, a quien le rezaba cada noche por nuestra familia y para que el tiempo pasara rápidamente.

Dos días después de que se terminaron los cursos de verano, compré un boleto sólo de ida a San Francisco. Empaqué mi pequeña maleta color café, cerré la puerta con llave al salir, le entregué la llave del apartamento al guardián y me dirigí al aeropuerto.

Durante el largo viaje, pensé como, en mi niñez, había anhelado una vida estable y un lugar propio. Este anhelo surgió en gran parte por mi deseo de ir a la escuela sin interrupción, sin tener que mudarme de lugar en lugar para seguir las cosechas. Ahora, ya había completado mi educación formal y por fin me iba a establecer en Santa Clara con mi propia familia.

Se me aceleró el corazón al aterrizar el avión. Me desabroché el cinturón, saqué mi maleta del compartimiento, y esperé con ansia que se apresurara la gente delante de mí. En el momento que salí del avión, vi a Pancholín correr hacia mí con los brazos abiertos gritando, "¡Papi, papi!". Detrás de él, con una sonrisa grande, estaba Laura, con Miguelito en sus brazos. Corrí hacía Pancholín, lo levanté, lo abracé fuertemente y lo besé. Con Pancholín en mi brazo izquierdo, me acerqué rápido a Laura y a Miguelito. Los abracé con el brazo derecho y les di besitos cariñosos. "Bienvenido a casa", dijo Laura. Se veía cansada pero feliz.

Cargué a los dos niños, uno en cada brazo y con Laura a mi lado, y nos fuimos a nuestro hogar en Santa Clara, en donde ella había alquilado una unidad de dos habitaciones de un dúplex en 2218 Harrison Street. Estaba a media milla de mi alma máter, en donde yo esperaba enseñar por muchos años.

Nota del autor

*P*asos firmes, al igual que mis anteriores libros, *Cajas de cartón: relatos de la vida peregrina de un niño campesino, Senderos fronterizos y Más allá de mí*, es autobiográfico. En este libro relato las experiencias memorables y transformadoras que tuve cuando vivía en la Ciudad de Nueva York mientras asistía a la Universidad de Columbia —el impacto intelectual, emocional y sicológico que tuvieron mis estudios de posgrado en mi sentido de identidad; los retos que enfrenté para completar mi educación formal; y mis esfuerzos para encontrar estabilidad y propósito en mi vida personal y profesional—.

Describo los eventos en orden cronológico desde la perspectiva del joven adulto que yo era en aquel entonces, empleando mis poderes de imaginación e invención para aproximar o recrear el diálogo y rellenar aquellos detalles que he olvidado debido al paso del tiempo.

El origen de *Pasos firmes* y mis otras obras datan de mis años en la universidad, donde pronto descubrí que mis experiencias de criarme en una familia de trabajadores migrantes eran un obstáculo y también una bendición. No tenía las ventajas sociales, económicas ni educacionales que beneficiaban a la mayoría de mis compañeros de clase, pero estas experiencias me servían como un recordatorio constante de lo afortunado que era de poder asistir a la universidad. Cada vez que me sentía desanimado, escribía mis recuerdos de la niñez para darme el valor de no rendirme. Comparo mi situación de entonces a la de un hombre que se está ahogando. Un hombre que se está ahogando usa el agua, la sustancia misma que amenaza su vida, para salvarse. Así yo usé esas experiencias que al inicio me derrumbaron para alentarme a seguir. Esos recuerdos me sirvieron mucho en mis primeros dos años de la escuela de posgrado. En los momentos en que me sentía desanimado, recurría a ellos para darme valentía y fuerza.

Al seguir el consejo del profesor Iduarte de escribir y publicar mis historias, junté mis notas y escribí el cuento "La mudanza", que extendí y titulé, "Cajas de cartón". Lo traduje al inglés con el título "The Circuit" y se publicó en la revista *Arizona Quarterly* en 1973. Después de ese año, pasé la mayoría de mi tiempo enseñando y realizando investigaciones académicas y trabajos administrativos. No fue hasta mi sabático en 1995 que seguí con mi escritura para documentar parte de la historia de mi familia, pero, sobre todo, para expresar las experiencias de un sector más amplio de nuestra sociedad que ha sido frecuentemente ignorado.

A través de mis obras, aspiro a proporcionar a los lectores un conocimiento de las vidas de los inmigrantes mexicanos, algunos de los cuales son trabajadores agrícolas migrantes, cuya valentía, lucha, y esperanza y sueños por una vida mejor para sus hijos y los hijos de sus hijos le dan sentido a la idea del "Sueño Americano". Su historia es la historia de los Estados Unidos de América.

ARRIBA: Estefanía Jiménez Hernández, la abuela paterna de Francisco.

ARRIBA: Luciano y Martiana Moreno Hernández, los bisabuelos maternos de Francisco.

DERECHA: Francisco, Roberto, y Trampita en Tent City, Santa María, California.

ARRIBA IZQUIERDA: Roberto y Francisco con su madre.

ARRIBA: Francisco, a sus ocho años, en Corcorán, California.

ABAJO: El papá de Francisco, Trampita, y Don Pancho, un amigo de la familia, en Rancho Bonetti.

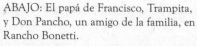

ARRIBA: Trampita y Francisco en un huerto de ciruelas, Santa Clara, California.

ARRIBA: Francisco en su segundo año de la escuela de posgrado en la Universidad de Columbia.

ARRIBA: Francisco, a sus trece años, en Rancho Bonetti, Santa María, California.

IZQUIERDA: La madre de Francisco y su hermano menor, Rubén, pizcando fresas en Santa María, California.

ARRIBA: profesor Andrés Iduarte, el asesor de tesis de Francisco, y Graciela, su esposa.

DERECHA: profesora Susana Redondo de Feldman, profesora y colega de Francisco en Columbia.

ABAJO: Foto de los disturbios en Columbia.

IZQUIERDA: La boda de Francisco y Laura.

ARRIBA: Francisco en el apartamento de Grymes Hill.

ABAJO: Francisco enseñando en Notre Dame Academy High School, Staten Island.

ARRIBA: Laura y Pancholín,
en el campus de Columbia.

ARRIBA: Francisco y Pancholín.

ABAJO: Francisco y Pancholín encima del Sundial de Columbia.

ARRIBA: Laura, Pancholín, Francisco, y Miguelito, su segundo hijo.

IZQUIERDA:
De izquierda a la derecha: profesor Iduarte, Pancholín, Laura, Miguelito y Francisco.

Francisco en su oficina en la Universidad de Santa Clara.